思想觀念的帶動者

文化現象的觀察者

本土經驗的整理者

生命故事的關懷者

心靈工坊 |PsyGarden|

Holistic

探索身體，追求智性，呼喊靈性

攀向更高遠的意義與價值

是幸福，是恩典，更是內在心靈的基本需求

企求穿越回歸眞我的旅程

生命的禮物

給心理治療師的85則備忘錄（全新修訂版）

The Gift of Therapy

An Open Letter to a New Generation of Therapists and Their Patients

歐文·亞隆 Irvin D. Yalom—著
易之新—譯

目次

第三部 終極關懷

第三部 治療的祕訣

第四部　夢的運用

【推薦序二】

重溫經典新感動

曹中瑋（資深諮商心理師、國立臺北教育大學心理與諮商學系退休副教授）

心靈工坊將重新出版歐文·亞隆的著作《生命的禮物》，邀我寫推薦文。雖明白這是件難度頗高的事，可又覺得這本書太重要，對我也意義重大，而亞隆又是我最敬佩的前輩大師，只思考了片刻就答應了……

接下來的日子心心念念該如何完成我的「推薦」任務，卻遲遲難以下筆。後來才想通，亞隆的書，特別是在台灣心理助人領域裡，其實根本不必推薦的，他的書必然暢銷呀！於是，我想就寫寫這十七、八年來，反覆閱讀此書的讀後感吧。

那一年，我不到五十歲，正在形成自己的諮商個我理論，在書店裡看到《生命的禮物》這本書，尤其是副標題「給心理治療師的八十五則備忘錄」，簡直如獲至寶。

寫此書時亞隆七十一歲，他在〈前言〉裡，以個案找不到他的夢開頭：個案依約來晤談，遍尋不著亞隆，只看到那長滿蜘蛛網的草帽。亞隆告訴讀者，他需要開始正視自己已經老了的事實，無法再否認。他終能體會：「艾瑞克森（Erik Erikson）在研究生命週期時，把人生後期的階段稱為『豐盛期』，是一種後自戀時期，把注意力從一己的擴展，轉到照顧、關心接棒的後代。……這觀念正符合我的情形，我想要把自己的所學傳遞下去，而且，愈快愈好。」

當年的亞隆也正為美國心理治療的發展而憂心忡忡。他認為這個行業已經被經濟壓力扭曲到某種程度，擔心日漸精簡的訓練課程，貧乏到培養不出有效能的心理治療師。所以這本書也是為那些仍然願意花時間、精力接受嚴格在職訓練，想讓自己大幅成長與改變、願意承諾以個案利益為重要考量的心理治療師而寫。

因此，《生命的禮物》在亞隆的著作中很獨特。內文是以八十五則短篇的形式，將其四十五年職業生涯淬煉出來的寶貴經驗，以清晰的文字、親身經歷的實例，對所有後輩心理助人工作者提出中肯的引導，協助大家做好這份人與人真誠交會的特殊工作。

亞隆的寫作初衷讓我感觸萬千、心有戚戚焉！數年前，我經歷與死亡正面交鋒的挑戰後，深刻領悟活下來的使命將以傳承為主，要把自己親身體會的相關經驗交棒出去。

另則，台灣的《心理師法》正式公布實施剛好滿二十年，雖然這對心理助人專業領域的發展有很正向的助益，但也因此有部分心理師迷失在生存競爭裡，考量的是如何盡量讓個案持續晤談，而非以個案本身的需求和福祉為依歸；或在諮商中過度依賴容易上手的媒介物，如牌卡，而輕忽基本功的磨練。

這本書在台灣此時再版，我個人覺得如及時雨般，深具意義。

重溫的感動

在我心中，歐文．亞隆很是特別，他擁有大師風範，卻不是偶像、神化的樣貌。我崇拜他，即因真切地感受到，他是個真實完整、內在自由又堅定的人。回顧自己的專業生涯，我必須承認，除了自己的學習和體驗，亞隆的所有著作，尤其是《生命的禮物》，一如長者前輩陪伴在旁，一直引領我前進，提供我豐厚的養分。

再次看這本書後，有些特別的發現和感想。

專攻完形治療的我，發現亞隆也曾經接受「完形治療師佩特．邦嘉特納（Pat Baumgartner）兩年的訓練」（第十二章），這是我之前閱讀時沒注意到的，超開心！難怪我常感覺自己的觀點和亞隆很相近（自以為是的）。

又例如，第一章〈移除病人面前的障礙〉和我在完形治療中強調心理師最主要的工作即是移除遮蔽當事人覺察時所有的障礙物，非常相似。第十章中亞隆說「要為每一位病人創造嶄新的治療」，完形治療也秉持著類似的理念：真正看見你眼前這個獨特的人，並為每位當事人量身訂做適合他的「實驗」。

覺察錯誤，勇於承認

〈承認你的錯誤〉（第九章），這是亞隆一直勇於實踐的態度。在亞隆第一本心理治療故事《愛情劊子手》中，特別震撼我的，是他坦白寫出在治療中所出現的自己人性「黑暗」面，以及他力超越自身限制和掌控「暗黑」的念頭。例如，第三章〈胖姑娘〉描述他「碰到一個身材令我倒盡胃口的胖女人，我能培養出坦誠、關愛的關係嗎？」最後治療成功，亞隆竟然還記錄了這位個案揭穿治療初期亞隆不夠接納她、使她受傷的過程。

在大師級的書中見到這樣公開承認錯誤，實在太難得了，一般人即使是對親友坦承錯誤，都是很難的。然而，能夠呈現「是人就難以避免」的真實狀態，才能讓後輩也願意面對自己、直視在成為心理師這條路上跌跌撞撞的過程。

而且，別說犯錯，只要心理師言不由衷或內外不一致，當事人都能察覺，不管年紀多大。我曾諮商過一位小學四年級的孩子，某次我必須準時離開，趕去參加重要會議，但那天快談完時，小個案一反常態東摸西摸，彷彿在拖延似的。晤談時間一結束，我忍不住立即提醒他時間到了，男孩抬起了頭，看著我說：「妳很趕時間喔！」我嚇了一跳，不得不向他承認且道歉……

事後回想，我雖然事先已安排妥當、且自覺時間充裕，潛意識卻仍焦慮著若未準時結束諮商，我會趕不上會議。孩子感覺到了我潛在的不安，有些生氣而被動抗議。還好，我馬上承認錯誤，反而讓之後的諮商關係有了更好的進展。

自我坦露

在心理治療師的自我坦露上，亞隆是最有影響力的倡議者。本書第二十五至三十二章闡述治療過程適時運用自我坦露的功效，和需要注意的事項。「治療師的自我坦露有很多種，有些可以促進治療，有些卻有問題，可能造成不良的後果。」（第二十六章）

我個人認為，「自我坦露」用得好，對諮商的助益的確很大。但它也是個很難運用恰當的「技巧」。例如，有時心理師希望分享曾有過的相似經歷，以造成同理的效果，或讓個案有普同感。但若說得過多或不適當，當事人可能感到自己比不上心理師擁有的內外在條件（至少當下），而更感挫折；另則，自我坦露容易讓當事人對心理師過度好奇，造成諮商的焦點轉移；而當事人問心理師有關婚姻、家庭的私人議題，常常只是他逃避真正情緒和需要的煙霧彈，很少對心理師真實的回答感到滿意（這也與我們的文化特性有關）。遇到這情況，我通常先澄清和適度探索當事人問此問題的動機，再判斷是否坦白以告。

我想「自我坦露」要運用得宜，必須清楚分辨坦露自己絕不是心理師個人分享的需要；並必須抓到準確的時機點和適當的內容。

為當事人做決定與提供建議的思考

第四十七章中，亞隆說「不要急著為病人做決定，你的決定多半不是好主意。」我非常贊同。亞隆也在第四十八至五十一章中，詳細討論心理治療師做決定和給建議的議題。然我還想補充：在某些特殊情況下，心理師不能只為了堅守此原則而放下專業責任（基於我個人對國內部分心理師特性的認識）。

所謂特殊狀況，例如嚴重家暴、未婚懷孕等需要通報的事宜，通常由心理師在對個案知後同意之下進行通報。

此外，決定諮商目標時，心理師往往也需要提供個案專業上的判斷和引導討論。

還有，諮商過程中，當個案單方面提出結案，而心理師在專業評估上覺得不宜時，也不該以尊重為由，單獨讓個案做此「決定」。心理師可能先要跟個案好好討論雙方的諮商關係。

我認為心理師有時仍需要適時給當事人建議的，不過在給建議時可以和當事人一起討論、或心理師以自我坦露的方式來分享意見。

晤談的間隔與紀錄

第三部談治療的祕訣，亞隆說：「把治療看成連續的會談來進行，每次會談都要寫筆記，在兩位病人之間為自己留點時間……」

我觀察到有些心理師會連續安排三個或更多個案，而之間沒留下空檔休息或調適的時間，真覺得不可思議。

我個人也習慣諮商或督導結束後，一定寫或長或短的筆記，數十年都如此。尤其，現在當事人可以請求索取自己的諮商紀錄，因此心理師更有必要這麼做。心理師還在疑惑、探索或猜測的諮商內容，或是屬於私下聯想或正在考量需要檢討、調整的部分，不該輕易記載於正式紀錄中，但這些內容又非常值得記錄，所以自然需要寫另外的諮商督導筆記。我知道做紀錄是許多心理師的壓力，然這樣的筆記對我而言，助益甚大。

諮商成效在生活中實踐的重要

我一直認為諮商不是在個案「啊哈」的頓悟後，就能結束的，特別是較年輕的個案。陪伴當事人在生活中實踐自己的覺察與領悟，仍是諮商中重要的部分。在我們的文化中，人與人的關係較緊密，尤其是家人之間。常見的狀況是，當事人在諮商後做出了改變，身旁親密他人卻不習慣這樣的變化而加以阻撓，甚至批判當事人變得自私，使得當事人備感挫折。這觀點在本書第六十一章〈治療好比生活的彩排〉中亦有討論。

謹慎與當事人身體接觸

我雖同意亞隆在第六十三章〈不要害怕碰觸病人〉所論，但我還是想提醒，這議題有文化上的差異。我認為，心理師和當事人身體的接觸要謹慎，並考量文化中的相關禁忌。通常，男性心理師面對異性個案時要特別注意。我會考量當下身體接觸的必要性，並徵求當事人的同意。

這本書傳達的理念太豐盛，我的感想多到說也說不完，我想是該停筆了。請讀者自行細讀，定會和我一樣，甚至有更多的收穫和啟發。

最後，讓我借用亞隆在〈前言〉中的一句話做結：「我仍希望讀者能找到有創意、屬於自己的方式，把我的所學加以改造，並應用到自己特殊的工作處境中。」

【推薦序二】

助人實務工作者舒心養智的床頭書

黃素菲（國立臺灣師範大學教育心理與輔導學系、輔仁大學心理系兼任教授、敘事治療理論與實務工作者）

在《生命的禮物》這本書中，歐文當然會論述存在治療的死亡、生命的意義、自由（包括責任和決定）這幾項終極關懷，以及臨床上常見的各種議題。歐文也強調夢的運用。夢是有效治療中無價的工具，夢代表病人深處問題的敏銳敘述，只是使用一種視覺意象的語言。歐文言簡意賅地說明他進行心理治療的位置：以人際模式的參考架構進行團體治療時，乃假設病人陷入絕望是因為他們無法發展和維持滿意的人際關係；當運用存在治療的參考架構時，則假設病人陷入絕望是因為面對人類處境的嚴酷事實：存在的「既定事實」，而產生的結果。

然而，對我深具啟發的篇章是他在治療過程中對「治療關係」的重視，及如何從治療「關係」轉向治療「目標」。歐文提醒治療會談中的兩大面向：「內容」和「過程」。「內容」只是指說出的話、使用的字句、所談的具體議題。「過程」則是指病人和治療師之間的關係。歐文強調：「好的治療師絕不該試圖強行討論任何內容，因為治療不該受理論所驅動，而應該受關係所驅動」。這樣清晰的治療師位置，促成的歐文的治療既明確又複雜，他可以在明確清晰的假設架構中，自由地跟著病人，進入病人繁複的肌理，給讀者帶來多樣又多元的視野，這也正是歐文迷人之處：深入生命的奧祕之中，又始終洞燭機先。

雖然我的敘事治療立場跟歐文的存在治療立場，不一定完全一致，但是我特別有共鳴的是他說：「診斷限制了我們的能力……在治療工作中，我們必須保持某種客觀性，但不要太過頭了」。《精神疾病診斷統計手冊》的診斷系統在治療界就是強勢的主流故事，一旦心理師太過依賴診斷，就會選擇性地忽略不符合特定診斷的觀點，包括來訪者的其他隱藏故事。何況心理諮商從來就沒有「標準化」程序，每一次諮商都是無法預期的河水流動，必定是依現場交會而量身打造。尤其糟糕的是，在這種診斷的強勢作用之下，會使來訪者幫自己貼上標籤，強化單一故事，產生自我設限，忽視多元的可能性而降低生命能量。

歐文比較喜歡把自己和病人看成「旅程中的同伴」，這個用語打破了受痛苦折磨的人和提供療癒的人之間的藩籬。這個觀點十分鮮明地強調出歐文重視關係的立場，打破給予幫助和接受幫助、心理師和來訪者之間的權力結構，雙方並非上對下的階層關係，而是平等、開放、連結的關係。歐文徹底看穿了每一個人都一樣，沒有哪一個治療師、沒有任何一個人，可以免除存在的悲劇本質。因此心理師除了要能對來訪者表達同理心，更需要幫助來訪者發展對別人的同理心，歐文將治療看成雙方一起成長、一起改變的過程，他說：「讓他們進入你的心裡，影響你、改變你，而且要讓他們知道這一點」。

關於「治療關係」，歐文的立場可以說是非常前衛的。年邁的來訪者晤談結束，要出門面對寒冬冷溫時，心理師可以幫她穿上外套嗎？心理師可以握住來訪者的手、甚至擁抱來訪者嗎？心理師可以和認識的人做諮商嗎？心理師被癌症患者要求撫摸他因化療掉光頭髮的頭皮，心理師要摸嗎？來訪者問心理師：「你會愛上我嗎？」心理師要怎樣回答？以上問題，歐文幾乎都打破以上所謂的「倫理界線」，他的答案是：「我會盡自己所能，試著以關愛、人性化的方式來反應，可是稍後我一定會詢問、討論我的動作引發什麼感受，也分享我自己的感受。」換句話說，心理師不要因為墨守成規而束手束腳，而要在諮商時視狀況有即時的反應、有責任感、有創意，藉由關係，來達到治療目標。

雖然治療關係無比重要，但是歐文說：「心理治療並不能代替生活，而是生活的彩排。換句話說，雖然心理治療需要親近的關係，但關係並不是目標，只是達到目標的方法。」如果來訪者只是在諮商中改變是不夠的，這些改變必須實際發生在來訪者的生活中，因此最初來談的問題故事可以當作燈塔，在諮商過程用以指引方向，以便確認諮商過程是否有達到轉化問題的作用。

這本書絕對不只是給新手心理師的指引，任何以心理治療為志業的臨床工作者，都可以從中獲得啟發。由於編寫得方便輕巧，很適合放在床邊，睡前隨便翻一則閱讀，都很舒心養智。

【推薦序三】

生命的禮物、生命的傳承

吳麗娟（現職：國立臺灣師範大學教育心理與輔導學系兼任教授）

這是一份豐厚的生命禮物，也是一位仁厚長者生命的傳承！基於愛、基於使命感，亞隆博士，一位深具人本特質的睿智長者，語重心長的寫下他生命經驗所淬煉出來寶貴的治療指引，分享了他如何引領案主「回家」的具體心得經驗，他給了後代治療師一份厚禮，一份無價的生命禮物。

這是一場心靈的饗宴！閱讀本書時感覺心靈被滋養，似正在領受一位長者深入又具體之智慧言語的澆灌，我的心更淨、眼更亮、思緒更清，生命也更豐富。這是一本值得閱讀的好書！我喜歡亞隆精闢、深入、具體、實用的經驗談，我更欣賞的是由字裡行間可清楚看到亞隆真實、柔軟的與他自己接觸，而且他對案主的尊重、平等、真實、彈性的互動，也十分令人感動。他所分享的治療「技巧」，其實是人之間真心、真實的接觸，是尊重態度的具體表現。他的分享不是高調，不是遙不可及的理論，而是他的生命經驗；他的分享字字珠璣，是他多年具體實踐他的相信後，所累積而成充滿人味的睿智與尊重的智慧之語。這是一份生命的禮物、智慧的傳承；這也是一份智慧之禮與生命的傳承。這本書，值得推薦！

我覺得這本書不但是亞隆給下一代治療師的生命的禮物，也是送給他自己的一份生命的禮物。亞隆在逐漸老去時，藉著給新生代治療師一些建議，坦然接受自己年華老去，已邁入人生後期歲月的事實，這是他接納死亡是人生的「既定事實」的見證。在其肉體可能殞逝之際，他將他的愛與智慧留下，把注意一己生命的焦點，擴展到照顧、關心接棒的後代，他的生命精髓也會透過這本書傳承下去，這是他接納其人生存在議題具體的表現。亞隆總能把其所主張的內涵實際「做」出來，他就「是」他的理論，因此他的理論不再是「理論」而是具體可行的行動，強而有力的影響著他的生活與生命。

這本書在這個過度強調效率的時代出版，有其必要性與重要影響力。亞隆有感於物欲導向的現代社會強調效率、迅速與效果，內在豐富的生命本質慢慢的被壓力、績效與速度吞噬腐蝕掉，心理治療的品質也被社會、經濟重金的發展與壓力所扭曲，所以寫下了這本書。亞隆除了提醒後代治療師不要「隨波逐流」外，更積極的分享自己多年來的治療經驗，引領以後身在物欲社會中的治療師如何深入進行長期的心理治療。我十分同意亞隆對現代社會的觀察。的確，繁忙的現代人藉著不斷的「做」來界定自己的價值，人類不再是 Human「being」而變成了 Human「doing」，役於物，役於外，汲汲營營於利益、成就、權勢的追求。當個體被這些身外之物所綑綁、束縛時，就難與生命或內心做真實的接觸，難與社會、世界做生命的合一，也難有內心的平安與喜樂。迷失的現代人似更需要心理治療重拾身心健康，但是助人的專業也受強調快捷的社會所影響，不但案主講求快速成長，治療師為經濟導向的保險制度等所約束，多只進行短期、膚淺、治標、不紮實的心理治療，治療師的訓練也過度強調精簡的短期訓練，或只教導症狀解除導向的短期心理治療。在過度強調速度與績效的心理治療文化中，很難幫助案主學習如何與其生命做細緻、深入、長期的接觸與對話，難有較深入的生命統整發生。因此，亞隆這本強調如何深入進行長期心理治療的指引手冊，在此時出版，更顯出它的重要性。此外，令我十分感佩的是，亞隆面對令人氣餒、失望的社會現象，他除了勇敢的點出社會現狀對心理治療發展的負向影響外，更難能可貴的是，他不放棄一己之力，仍積極貢獻自己的力量，對願意承諾做長期深入治療的心理治療師及願意投入、希望有根本、大幅成長與改變的案主，寫下這本智慧之書。這種面對問題，積極正向的處理問題態度，除了再一次展現他成熟統整的人格特質及實踐其理論的行動力外，他對社會的使命感與大愛，他對後代治療師的厚愛，在在讓我感動不已。

亞隆內化所學，知行合一，能與自己和他人做最真實的接觸是我最欣賞的。日前我在中國輔導學會的年會上演講「一個諮商員的成長：一個『人』的成長——從 Human『doing』到 Human『being』」中，提到「學習諮商像找到回家的路」。在年會手冊中，原本應列出我演講內涵文稿之處，我只寫了「回家」兩個字，因為我深深覺得不管什麼諮商學派，都在幫助案主回家——回到他心靈上的家，學習和自己做最真實的接觸。亞隆在本書中不但分享了他如何引領案主「回家」的清楚概念及具體做法，他自己也做了最好的示範，字裡行間在在顯示出他已「回家」了——能和自己有真實的接觸，能成為如其所是的自己，能應用自己真實的感受與案主做真實的接觸。此外，我認為諮商員本身很難給個案自己沒有的東西，若諮商員尚未「回家」，實在也難引領他人「回家」。在書中，亞隆也提出類似的看法，他說：「積極的治療師總是在自我認識和覺察上不斷進步和成長，一個人怎麼可能在指導別人檢視內心深處時，卻不同時檢視自己呢？也不可能要求病人重視人際關係，卻不檢視自己的關係模式……。」我深信，唯有「回了家」

的治療師，才知如何引領他人「回家」。換言之，治療師不但要「有」（having）專業知識，本身也「是」（being）專業知識，能內化所學，把所學實際應用出來，「做」到自己所「說」的，才能從知識到行動，才有效能、力量，才易成為自己想成為的自己。亞隆在書中說：「當我第一次接觸到正式的慈悲冥想時，感覺自己好像回到家一樣。」而且，在書中也經常顯示他就「是」他的理論，他「做」出他所主張的理論，實踐所其所相信的理念，他真實、有彈性，很能真實的和自己接觸。他不但「回家」了，和自己貼近，還十分細膩的寫下其心得感受，指引協助後代治療師幫助案主如何「回家」。書中亞隆也提及：「……有時我覺得自己是個嚮導，護送病人通過他們自家的房間，看著他們開門進入以前未曾進入的房間，發現新的廂房竟然有失蹤已久的東西——智慧、美麗、有創意的自我，這是難得的樂事啊！」這本書就是一位充滿智慧的年長者，分享他如何引領案主「回家」的經驗談，不但提供原則、概念，更有實際具體的實例與對話，十分實用。

亞隆是一位臨床實務經驗極為豐富的存在、人際學派治療師，在本書中他由這二個視窗，鉅細靡遺的分享他如何進行長期治療的理念、具體作法與對話。他首先說明一些他進行治療的通則，再說明人際學派進行的重點，如何善用治療師本身作為進行治療的工具，如何充分應用此時此刻、諮商員與病人間的關係、治療師真實的感受來進行治療；亞隆對透明的治療師、治療師的真實感受、此時此地、立即性、治療師與病人間的關係如何善用，有很深入的說明。國內敘述人際歷程心理治療學派的書不多，除了Edward Teyber（2000）的《人際歷程取向治療》（*Interpersonal Process in Psychotherapy*）這本好書外，對人際學派有極具體、實用、深入及清楚的說明的，就屬亞隆這本書了。其次，他對人生存的基本存在的議題：死亡、孤獨、無意義與自由也有具體深入的指引。這本書是他治療手札的整理，十分深入、人性、細膩、清晰的分享他多年來的治療經驗，能貼近治療師臨床接案的實際需要，對新進的治療師是很具體的提醒，資深的治療師會有很深的共鳴，且沉浸在這位長者的智慧之語中，常有心靈洗滌滋潤的喜悅，是心靈滋養的最高享受。綜上所述，此書不但有清楚理念的說明，更有具體實例的分享，是一份具體、實用、深入的心理治療指引手冊，尤適於接長期個案時參考。嗯！這是一本實用的好書！

民國九十一年十二月一日

（時任國立臺灣師範大學教育心理與輔導學系教授）

【導讀一】

生命禮物

余德慧（前慈濟大學宗教與人文研究所教授、撰文時任東華大學諮商與輔導學系教授兼主任）

這本書的主要讀者應是心理治療界的心理師，但對心理治療剛入門的學子卻更重要，因為存在治療涉及許多心理治療非常基礎的探問，而且其清除初學者的困惑比較徹底，也容易幫助入門的心理師或準心理師建立堅實的地基。對那些正在接受心理治療的人來說，這本書可以幫助他善用心理治療，甚至可以幫他鑑別他的治療師心性的高度。

存在心理治療的興起

心理治療一直是等待演變的流體，從來沒有一種固定不變的心理治療，也沒有不經改變的心理治療。在歷經百年的心理治療史，心理治療的流派就宛若一條長河，在瞬息萬變的時間流逝裡蜿蜒地反照著人性的觀點，閃閃爍爍。亞隆教授的「存在心理治療」就是這條蜿蜒大河的暗流。

想要直接從存在主義哲學套用到心理治療是不可能的事，充其量也只能吸取一些核心概念。真正促發亞隆教授去發展存在治療，應該從他帶著癌末病人的團體時，讓他看到人類心理非常底層的真實，也看到人心充滿了自己製造的謊言，甚至連心理治療者本身也參與其中。心理治療這個行業比演藝界更容易成為墮落的行業，主要在於心理治療者對自己的謊言習而不察，治療者不自覺地隱藏自己對他人的冷漠，庸俗的價值卻賦予高貴的理由，自詡為他人的改變者，卻對自己的頑固不冥毫無所覺。並不是心理治療者天生就如此，而是社會賦予他助人的權柄，使他得以隱身在受苦者的幕後，在受苦的心靈的乞求之下，不自覺地提升到謊言者的位置。

存在心理治療很清楚地看到這種處境性的危險，為了對治這種不自覺的謊言，心理治療者必須「自降」，也就是謙卑地臣服於人類受苦心靈，這不僅僅是將自己降到存在的底層，去發現自己與受苦者都在同樣的處境，他還需透過存在的底層，主動地拉著受苦者的手，不是去引導他，而是共同修行——受苦心靈的鍛鍊，就是修行。亞隆教授將心理治療者與病人稱做「旅程中的同伴」，也就是同修，他說：「治療師與病人都注定不但要體驗愉快人生，也必然要經歷人生的黑暗——理想的幻滅，年老、疾病、孤獨、失落、缺乏意義、痛苦的選擇與死亡」（第三章），因此，實在沒有任何理由將兩者分立。任何治療師要感恩的往往是他最無法幫助的病人，因為無助才讓治療師發現自己與病人同在一個處境，這就是亞隆所說的「要愛那些提出難題的人」。

存在治療一開始就反對傳統的心理衡鑑應用在日常的心理症，認為非但無益，而且是智障之源，因為心理症是源出於生活關係很人性、很倫理的部分，醫學不應該干涉過頭。

心理治療乃是重返倫理關係的現場

存在心理治療首在承認「所謂心理治療乃是重返倫理關係的現場」，而不是醫療的客戶關係，所以治療者與病人之間的親密與關懷是最根本的存有，是不能被化約成角色關係。亞隆的心理治療是「我與病人如何看待對方的每一個細微差異：病人今天看起來是不是有點冷淡？好強？不注意我說的話？他是否私下運用我說的話，卻拒絕公開承認我的幫助？她對我是否過度恭敬？諂媚？太少表達反對或不同的意見？疏離或多疑？他是否夢見我，或是把我放在白日夢的情節中？他在幻想時，對我說了什麼話？這些都是我想知道的，而且多多益善。」（第四章）在這種「去專業化」而恢復生活倫理的意義底下，亞隆的一句話可說令人振聾啟聵，他問道：「病人多年後回顧治療的經驗時，會記得什麼？」答案：「不是洞察力，也不是治療師的詮釋，他們記得的多半是治療師所說的正向支持的話。」（第五章）亦即，不是治療師的精微思考或設想，而是治療師在生活界裡的倫理行動，就如同亞隆的病人金妮「她根本沒有聽進我精練高明的詮釋，她重視的是我幾乎沒有注意到的小動作」（第六章）。而治療師之所以「必須倫理地為病人」，乃因為「治療師的最大力量有部分是出於得以參與病人最私密的生活事件、想法和幻想，得到一個知你甚深的人的接納和支持，是非常大的肯定力量。」（第五章）

通常，心理治療一開始，治療師與病人其實都在兩個不同的世界，有著非常不同的夙緣與心思，當治療者自詡要對病人發展同理心之際，亞隆也強調「教病人也發展同理心」，這是存有治療的「同修」概念：我們一起走，一起影響、一起改變，心理治療不是單方面的事情。亞隆對這一點相當貫徹，他不但與病人一起寫「彼此的印象」，也分享彼此的心思，力求坦誠。這樣的治療者猶若修行人，盡量將自己的性格透明化。但是，坦誠有幾千層，並不是所有人都可以接受最徹底的坦誠，而亞隆採用的是「倫理的坦誠」，亦即，在彼此堪受範圍的坦誠，但何謂「堪受」就值得玩味了，亞隆的存有倫理就在其中衡量體察，幾乎到了一再試誤、一再矯正的地步。

存有治療是以現場為基調的當下治療。所謂「現場」就是現象學裡所謂的「統覺」（apperception），也就是亞隆強調的「此時此地」的現場，直接給出交接的效果。本書的第一部幾乎都在討論這些問題，而且很奇怪的，存在治療的當下性配合「同修」的概念，許多治療的僵硬都可以化解，治療者會變得更柔軟，治療的篤定心情更深厚。

存在的底線：終極關懷

存在治療的另一基調就建於靈性領域。過去許多主要的心理治療都以俗世自我所發生的難題為主，當然，自我本身的根源之處就充滿受苦的本質，人類只要端起自我，魔鬼就會降臨，地獄之門就會開啟。近代新興的心理治療學派多少已經發現，施以俗世的問題解決或性格改變的治療，對受苦的緩解效果其實相當有限，治療者最好把自己的立足點放到世界之外，在靈性領域建立支點，然後再伸進世界，會獲得迅速轉化的效果。

亞隆在他的《存在心理治療》（*Existential Psychotherapy*）一書就揭櫫存在的四個基本事實：死亡、孤獨、無意義與自由，這就是存在本質的「四大皆空」，人類所發展的自我就是用來保護人類，不要受到存有事實的威脅，所以我們的自我心智就好像一幅超大型的螢幕保護程式，不要受到終極的烏有虛無所威嚇。亞隆的存在治療就是站在自我的立場，想盡辦法讓受到存有事實威嚇的病人做一些調鼎的功夫，而他採用的對治方法是：

一、讓病人承擔責任，而不是逃避，所以存在治療者不會爲病人做決定。

二、幫助病人產生決斷，因爲許多決斷都涉及病人十分緊要的存在基礎，也就是病人的存在理由，治療者讓病人朝著底線去探索生存的基礎，催化其決斷的悟性，可說是至關重要。

三、催化病人的覺識，讓病人不要被自我的潛意識（或無明）釘緊，甚至沉迷在潛意識所抓牢的自我意識，人的意識會很難清明，這時，存在治療師喜歡用意義治療的「矛盾意向法」（paradoxical intention）或超個體心理學的「認同消除法」（dis-identification）。

夢的存在性徵

多數的心理治療新手害怕對病人作夢的解析，而老心理治療師則對夢愛不釋手，卻說不上個所以然。亞隆會特意談到夢的解析，多少注意到人的幽微心思正是夢之所在。在我們說不上來的地方，意識會以其他的方法再現，並且表明人的意識所能瞭解的東西，遠比語言要寬廣很多，其中夢境影像是意識直接瞭解的媒介。由於夢本身即是幽微狀態的存有，與睜眼的粗糙意識大異其趣，前者直向奧祕空間，後者指向行動世界。

存在治療的「夢即是幽微存有」的概念，在賓斯汪格（Otto Ludwig Binswanger）與傅科（Foucault）那邊獲得堅實的存有理論基礎，但在心理治療的情境，個體的心像、感受、情懷必須從私密的存在在白天對他者道出，減損了作夢當下的存在，甚至必須透過編排意識，將夢以理智的監視加以重組成話語，對說夢者是痛苦的。可是，如果治療師是病人通往夢塵的同路人，意即病人領受到治療者的幽微心境，那麼夢境往往是治療過程最好的媒介。但是，如果治療者只知道將夢搬運到「意義」的國度，則注定夢不但沒有治療的效果，也是無謂的活動，病人會立即將夢之門關閉。

亞隆並沒有直接去談夢的理論，而是透過夢所營造的氛圍去騷動病人與治療師的心思，讓那幽微的生命經驗彷彿依稀的浮在檯面，但又溫柔以對，深恐驚嚇了幽微，讓粗魯的睜眼意識驅逐夜裡的靈魂。

本來，我以為台灣最好先出版亞隆的《存在心理治療》，讀了本書之後，反而覺得《存在心理治療》當作參考書就夠了，主要是亞隆在寫《存在心理治療》的時候，有許多想法都才有個起頭，並不怎麼落實，可是二十年後的這本書，卻散發出存在治療成熟的芳香，多了溫馨的諄諄善誘，也多了老者提攜後進的風範。一年前看到這本書，我就很喜歡亞隆的沉穩。易之新先生把亞隆的心情譯得恰如其份，也使本書可以為師，亦可為友。

【導讀二】

給有血有肉的心理治療大師歐文・亞隆的一封公開信

陳登義（現任台中仁愛之家附設靜和醫院醫療顧問，撰文時任院長）

這裡呈現出來的是一本獨一無二的書
這裡呈現出來的是一篇篇流暢雋永如散文般的筆記
這裡呈現出來的是一則又一則人類共有生命的故事
述說著關於心理治療的古老故事
這是一位有血有肉的心理治療大師

—— Irvin D. Yalom

敬愛的亞隆醫師：

看完您這一本最近的新著，深受您的精神感召，我決定仿傚您給年輕一代的心理治療師寫公開信的方式，也寫一封公開信給您，如同您仿傚德語系存在主義詩人里爾克的《寫給青年詩人的信》一般。其實這是我的榮幸，雖然不知道您會不會看。也許您可以透過懂英文的中國朋友幫您翻譯。

曾幾何時，您的書一本接著一本被翻譯成中文，從最初一九九一年聯經版完全意外暢銷的《愛情劊子手》（*Love's executioner : and other tales of psychotherapy*, 1989）（我還清楚記得當時在書店裡意外發現那剎那訝異得合不攏嘴，因為譯者完全不是臨床治療領域裡的人，怎麼會……？之後則是一片赧顏……），隔了將近十年之後才由張老師出版社在二○○○年陸續出版《當尼采哭泣》（*When Nietzsche Wept: A Novel of Obsession*, 1991）及《診療椅上的謊言》（*Lying on the Couch: A Novel*, 1996）（所謂的心理治療小說），然後二○○一年聯經接著推出不太為人所知、幾乎沒有宣傳的《生命的意義》（*Momma and the Meaning of Life*, 1999）（編按：後由張老師出版社重新出版為《媽媽和生命的意義》），之後二○○一年終於出現一本真正由臨床專業人員譯著的五南版小書，即您與您的女弟子維諾葛拉朵夫（Sophia Vinogradov）合著的《團體心理治療》（*Concise Guide to Group Psychotherapy*, 1989），然後同一年才是千呼萬喚、真正讓您奠定學術地位並兼暢銷教科書作者的桂冠版《團體心理治療的理論與實務（第四版）》（*The Theory and Practice of Group Psychotherapy*, 1995）及《人際互動團體心理治療：住院病人模式》（*Inpatient group psychotherapy*, 1983）（編按：後由心靈工坊重新出版為《短期團體心理治療：此時此地與人際互動的應用》）。其實後兩本原著初版都是在七、八十年代就已出版的書。就我所知接下來還有您的《存在心理治療》（*Existential Psychotherapy*, 1980）及《日漸親近》（*Every Day Gets a Little Closer: A Twice-Told Therapy*, 1974）這兩本亦將要出版中譯本（編按：此二本書之中譯版本已出版）。算一算您的所有著作（編著不算）就只剩下《會心團體：最初的事實》（*Encounter Groups: First Facts*, 1973）了（其實這本書也是此領域裡的扛鼎之作）。

這是何等令人興奮的事啊！雖然中文譯本和直接閱讀您的原著多少有些距離，尤其是小說類，且中文譯本的出版順序有點讓人時光倒錯。但這讓我想起一九八一年時，我在擔任精神科第二年住院醫師時的情景。那時我有機會到台灣精神醫學的重鎮——台大醫院精神科接受代訓。我曾鼓足勇氣大膽地向此地（台灣）團體心理治療的先驅大老，也是我正跟著學習團體心理治療的老師——陳珠璋教授詢問是否可以開個讀書會，來念當時由此地合記醫學書局所盜印（很抱歉，這在當時的台灣是很普遍的現象，甚至被盜印表示該著作很受重視）您所著的《團體心理治療的理論與實務》一書（應該是第二版）。當時我的理由是很想看但看不懂。結果未能如願，令我悵然若失。一直要到整整三年後，也就是一九八四年，我終於有機會到美國洛杉磯進修，才得以接觸所謂的「人際互動」取向團體心理治療的洗禮。（之後的一段因緣，在我翻譯您的《人際互動團體心理治療：住院病人模式》一書之代譯序中有詳細交代）。回台灣後，這十多年來我以您的教科書做為年輕精神科醫師和心理治療師的學習訓練教材，用您的人際互動取向來帶領住院及門診病人進行團體心理治療，也用您所提倡的療效因子做臨床研究，發表於國際團體心理治療學會的研討會中，甚至在多年前透過任職醫院的圖書館訂購您所錄製的Understanding Group Psychotherapy錄影帶，來做為訓練工作坊的教學教材。在學習心理治療及提供臨床醫療服務的過程中，您的精神教導一直是我重要的內在學習指標之一，也許是影響最大的一個。近十年來，我進一步涉獵的方向及接受的訓練擴及古典精神分析、客體關係理論、自體心理學（以上以翻譯及閱讀、讀書會討論為主）、心理劇、薩提爾（Satir）家庭治療模式、完形治療、夢工作坊、神經語言程式訓練（NLP）工作坊、米紐慶（Minuchin）結構派取向家庭治療（以上以參加工作坊訓練及實務操作為主），並且到過加拿大溫哥華接受麥基卓（Jock McKeen）與黃煥祥（Bennet Wong）

兩位身心靈潛能開發導師的住宿式體驗營訓練，及合作翻譯、審閱其最重要著作《新生命手冊》（*The New Manual for Life*, 2000，心理出版社）。在看了您這本著作之後，才發現您的學習心理治療之路（見第十二章）竟也是這麼寬廣而多元，真感佩您的努力向學，也羨慕您想必是積極爭取得來的難得機緣。在台灣，要得到這樣的機會可以說是「不可能的任務」了。在台灣，學習心理治療之路可說是迂迴曲折、荊棘滿佈！

在您這本著作的引言中，您提到對如何訓練新一代心理治療師的憂心，「對精神醫學已經處於放棄心理治療的邊緣，因為現在的醫療保險公司只給付收費低廉的心理治療師（……就是沒受過多少訓練的治療師）……，當代同時嫻熟於動力心理治療及藥物治療的精神科醫師，恐怕就要變成瀕臨絕種的動物了」。至於臨床心理師，您也提到對類似處境的擔憂。的確，在台灣，有著同樣的情形，甚至更令人擔憂的處境。台灣在一九九五年開始實施「全民健康保險制度」，非常遺憾的是對有關心理治療的給付低廉得簡直讓人啼笑皆非（一小時的治療不超過台幣五百元，折合美金不到十五元，大概是貴國的十分之一不到），以致新一代的精神科醫師不再重視心理治療的學習和訓練，而新一代的心理治療師則過於偏向診斷及實證研究取向。

不過您還是對未來抱持信心，所以您寫下這本書。在您的心理治療實務中，您提到「團體心理治療」和「存在心理治療」是您的兩個最愛。前者當然是以人際互動取向為主軸，但更重要的恐怕是那種民主、平等、互相尊重、互相合作及永遠開放的基本態度、團體的基本型式及本質。而您所提出的團體治療十二項療效因子（therapeutic factors）之一——存在因素（existential factor）是其中一項重要而不可忽視的焦點。您提到田立克（Paul Tillich）的「終極關懷」（ultimate concerns），那是我身為年輕當學生時此地人們所耳熟能詳的字眼，其實在我成長的年代（我在一九五五年出生）充滿著存在哲學思想與生存處境的氛圍（台灣的七十年代）。包括存在主義詩人里爾克的詩，也在此地備受年輕學子的喜愛。後者則是以內在心理動力及存在處境、存在議題為主軸，我以為必然受到佛洛伊德古典精神分析理論及新佛洛伊德學派的主要影響，諸如荷妮、蘇利文、佛洛姆在七十年代的台灣就有不少著作有中文譯本，曾帶動過年輕學子一股風潮，只可惜後繼無力，旋即風消雲散。至於存在哲學的影響更大，舉凡叔本華、尼采、齊克果、沙特、卡繆等等中文譯著、評論，曾在台灣的知識界和年輕學子間造成一股學習熱潮。就我的理解，強調人際互動的團體治療，與強調內在心理動力及存在處境、存在議題的個別治療，正可以相互輝映、相輔相成。如果再加上「家庭」和「夫妻」這兩項要素，我以為正好成就出人在社會脈絡下的完整面貌！而這也是我認為病人在尋求治療，或者治療師在提供治療或協助時，四個重要的面向（第五個重要面向是社區）。

台灣的七十年代過去了，經過一、二十年的沉潛，九十年代開始又有了新的面貌，新一代的治療師開始重探古典精神分析的風貌，努力汲取現、當代精神分析的新發展（包括自體心理學大師科胡特〔Heinz Kohut〕的三大著作開始出版中文譯本了），您的年代所提及的的新佛洛伊德學派現在藉著進一步的發展而被賦予歸類為關係取向（relational）及人際取向（interpersonal）的精神分析，甚至和英國的客體關係取向精神分析理論相提並論。人際——關係、個別內在動力以及家庭治療或部分團體治療領域所強調的系統取向，成了新一代心理治療典範的三大依歸，甚至後現代社會建構論及敘事治療、女性主義理論與實務的風潮也正展開其一波波的影響力。也可以說台灣在心理治療的知識論上展現了無比的活力和潛力，但在實務應用上卻始終抑鬱不展。在這個當頭，我認為有一點被有意無意間忽略了，那就是六、七十年代間的存在的、人文主義的自由精神及氣息。也許歷史不能倒流，英國的安德烈．連恩（R. D. Laing）已經不再，美國雖然猶有湯瑪士．薩斯（Thomas Szasz）繼續奮戰不休，東方的人文主義精神是否可以抬頭呢？不管如何，您這本書中文版的問世，都是此地一件大事，雖然在您的著作中絕少提到有關東方或中國的智慧如何運用在心理治療領域裡，但我相信您一定會喜歡達賴喇嘛的思想吧！

亞隆醫師，這封信原來是出版社要我寫的導讀，我以為您這本書的八十五篇小品文筆記，正如同您原書附標題所示，就是八十五封寫給年輕一代心理治療師及病人的公開信。我認為這八十五篇文章篇篇精彩、擲地有聲，讀來既清晰易懂又發人深省，不需特別導讀，直接進入作品的字裡行間，自然就可感受到您的苦心孤詣、諄諄教誨。因此，我做出了某種程度的自我坦露（self-disclosure）（這是您的重要教導之一），除了以上我對您著此書的個人時代背景與對應台灣的時代背景給予描繪外，我也進一步簡要地分享習自您的精神教導以及我個人十多年來在台灣學習心理治療實務經驗的一點心得。

台灣是一個背負著許多複雜歷史、政治、文化傳統、不同族群（民族非種族）間差異的國家，而且在西方（特別是美國）文化的衝擊下，呈現的個人精神病理或許迥異於西方人，甚至一般所知道的中國人。在這個氛圍下，如何從事心理治療是新一代精神科醫師以及心理治療師的責任，當然在您的用意下，病人也有其應付的責任，我感謝您寫出這本書。這本書的中文譯者——易之新醫師，是我多年的好朋友，他是神經科醫師，其為人卻有著如您想必熟識的奧利佛．薩克斯（Dr. Oliver Sacks，美國神經科醫師，在台灣有兩本暢銷的中文譯著《錯把太太當帽子的人》〔1996〕及《火星上的人類學家》

〔1996〕）的人文關懷精神，多年來翻譯了許多與精神醫學及心理治療有關的書籍。他的譯筆非常忠實流暢，又具有專業知識，希望您的書在此間能獲得非常大的迴響。我想我們都有一個共同的體認：對人的關懷和尊重，希望對病人有著專業的照顧，同時又能和病人保有人與人間的關係。中國人有一句話——「視病猶親」，願意獻給您，也獻給所有讀者。

導讀註：二〇〇一年五月間，亞隆博士榮獲「美國精神醫學會」頒給普菲斯特奧斯卡獎（Oscar Pfister Award），此獎專門頒發給在精神醫學主題中，對人文和靈性層面作出重大貢獻的個人。我本人和國內多位同道都參加了此盛會，親眼目睹亞隆本人的風采。此信中所提到的奧利佛·薩克斯以及亞隆的導師（mentor）傑洛姆·法蘭克（Dr. Jerome Franks），也都是該獎的受獎者，眞可謂一脈相傳，傳爲佳話。

前言

黑暗中，我來到你的辦公室，卻找不到你。辦公室空無一人，我進入四下搜尋，只看到你的巴拿馬草帽，裡面滿是蜘蛛網。

病人的夢改變了，我的草帽中結滿蜘蛛網，辦公室黑暗而空無一人，怎麼也找不到我。

病人擔心我的健康。這麼長期的治療，我到時還在嗎？當我渡假時，他們害怕我一去不返，而今想像參加我的葬禮或探視我的墳墓。

病人總是提醒我逐漸老去，但這是他們份內的事。我不是要他們坦露所有感受、想法和夢嗎？即使只是可能找我治療的病人，也都異口同聲地問我：「你還收新的病人嗎？」

我們否認死亡的主要方式之一，就是相信個人的特殊性，相信自己可以免除生物的必然性，以為生命不會以對待別人的嚴酷方式來對待我們。我記得多年前因為視力退化拜訪一位驗光師，他問了我的年齡，然後回答：「四十八歲，嗯？是了，照預定時間就該有這種問題了。」

在理智上，我當然知道他的話全然正確，可是我內心深處湧出這樣的吶喊：「什麼預定時間！是誰要照預定時間！一點也沒錯，你們可能按照預定時間，但絕對不是我！」

當我了解自己正邁入所謂人生後期的歲月時，真是非常洩氣。我的目標、興趣和雄心壯志都照著可以預料的方式在改變。艾瑞克森（Erik Erikson）在研究生命週期時，把人生後期的階段稱為「豐盛期」，是一種後自戀時期，把注意力從一己的擴展，轉到照顧、關心接棒的後代。現在，年高七旬的我終於能體會艾瑞克森的清明識見，豐盛期的觀念正符合我的情形，我想要把自己的所學傳遞下去，而且，愈快愈好。

可是，給下一代治療師指導和鼓勵，在當前可真是充滿困難，因為這個領域正面臨極大的危機。經濟導向的健康照護體制授命要徹底修改心理學的治療方式，而心理治療不得不講究效率，也就是以價格低廉為第一要務，如此必然產生短期、膚淺、不紮實的治療。

我擔心將來還有什麼地方可以為下一代訓練出有效的心理治療師。精神醫學住院醫師的訓練課程做不到這一點，精神醫學已經處於放棄心理治療的邊緣，因為現在的醫療保險公司只給付收費低廉的心理治療師（換句話說，就是沒受過多少訓練的治療師），所以年輕的精神科醫師被迫專攻精神藥物學。當代同時嫻熟於動力心理治療和藥物治療的精神科醫師，恐怕就要變成瀕臨絕種的動物了。

臨床心理學的訓練課程呢？顯然要靠它來填補這個缺口囉！不幸的是，臨床心理師面臨同樣的市場壓力，大部分心理研究所博士班的因應之道，就是教授症狀導向的短期治療，以便得到保險的給付。

所以我為心理治療憂心忡忡。它會被經濟壓力扭曲到什麼程度呢？它會因為過度精簡的訓練課程而貧乏到什麼地步呢？雖然如此，我還是抱持信心，相信將來會有一群治療師從各種教育學科中走出來（如心理學、諮商輔導、社會工作、教牧諮商、臨床哲學），繼續追求嚴格的在職訓練，即使在健康保險制度的壓榨之下，仍然能找到想要大幅成長與改變、願意承諾要接受長期治療的病人。為了這些治療師和病人，我寫下這本書。

在整本書中，我勸告學生放下不同學派的意識型態，採取多元的治療方式，從不同的治療取向提取各種有效的方法。雖然如此，我的治療大部分是來自人際學派和存在學派的參考架構，所以本書的主體大多是根據這兩種觀點的議題而來的。

自從進入精神醫學領域以來，我有兩個持久不變的興趣：團體治療和存在治療，這兩者是平行不悖但各自不同的興趣。我並沒有進行「存在團體治療」，事實上，我也不知道這會是什麼樣的治療。這兩個模式的不同，不只是形式的差異（形式上，團體治療包括大約六到九個成員，而存在心理治療則是一對一的方式），也在於兩者主要參考架構的不同。當我以人際模式的參考架構進行團體治療時，會假設病人陷入絕望是因為他們無法發展和維持滿意的人際關係。

可是，當我運用存在治療的參考架構時，就有非常不同的假設。病人陷入絕望是因為面對人類處境的嚴酷事實（存在的「既定事實」）而產生的結果。由於本書許多主題是根據大多數讀者不太熟悉的存在架構，所以在此先做個簡短的介紹。

存在心理治療的定義：一種動力取向的治療，把焦點放在源於存在的重要事物。

容我在此詳細解釋這個精簡的定義，說明「動力取向」這個措辭。動力有兩個意思，一個是通俗的定義，一個是專業的定義。動力（來自希臘字根 dynasthai，表示有能力或有力量）的通俗意義是指有力量或活力（亦即精力充沛的人，比如充滿活力的足球前鋒或政治演說家），這種用法顯然不適合此處，如果把這個意義用在我們的專業上，非動力的治療師是誰呢？不就是懶散遲鈍的治療師嗎？

不，我是指專業上的「心理動力」，包含了力量的觀念，但是出自佛洛伊德的心智功能模式，這個模式假定個體中衝突的力量會產生與之相關的思想、情緒和行為，更重要的是，這些衝突的力量存在於各種不同的覺知層面，有些甚至完全在潛意識中。

既然存在心理治療是一種動力心理治療，就像各種心理分析療法一樣，認為潛意識的力量會影響意識的功能，可是，當我們問下一個問題：衝突的內在力量的本質是什麼呢？這時，就看見它與其他各種心理分析思想體系的分野了。

存在心理治療取向假設使我們感到痛苦的內在衝突，不只是出於我們與壓抑的本能力量、內化的重要他人，或是遺忘的創傷記憶的掙扎，也來自我們對抗存在的「既定事實」。

存在的「既定事實」是什麼呢？如果我們讓自己不管日常生活所關心的事，而深思我們在世界上的處境，必然會碰觸到存在的深層結構，套用神學家田立克（Paul Tillich, 1886-1965，德裔美國基督教神學家、哲學家）的說法，就是「終極關懷」（ultimate concerns）。我認為在心理治療中，有四個終極關懷是非常顯著的，就是死亡、孤獨、人生的意義和自由。（每一項都會在本書特定的章節中提出其定義與討論。）

學生常常問我，為什麼不提倡存在心理治療的訓練課程。原因在於我從不認為存在心理治療是有其分離、獨立意識形態的學派。與其發展存在心理治療的課程，我寧可為受過良好訓練的動力心理治療師補足所需的教育，提升他們對存在議題的敏感度。

過程與內容

存在治療在實務中看起來像什麼呢？

要回答這個問題，就必須注意治療會談中的兩大面向：「內容」和「過程」。「內容」只是指說出的話——使用的字句、所談的具體議題。「過程」則是指完全不同而且非常重要的面向——病人和治療師之間的關係。當問到一個互動的「過程」時，我們指的是這些字句（以及非口語的行為）告訴我們，參與互動的雙方之間有什麼性質的關係。

如果有人觀察我的治療會談，常常會覺得看不到關於死亡、自由、意義或存在孤獨冗長而明確的討論，這些關於存在的「內容」可能只在某些病人的某些治療階段才能見到。事實上，好的治療師絕不該試圖強行討論任何內容，因為治療不該受理論所驅動，而應該受關係所驅動。

可是在同樣的會談中，從存在取向來觀察某些典型的過程，就可能看見完全不同的故事。提升對存在議題的敏感度，會深深影響治療師和病人的關係，並對每一次會談產生作用。

我自己對這本書所採用的特殊體裁感到非常意外，我以前不曾料到自己會寫出一本對治療師一連串忠告的書，不過，回顧過往，我清楚知道孕育這本書的確切時刻。兩年前，在欣賞加州巴莎迪那市的杭汀頓日式花園後，我發現杭汀頓圖書館陳列了英國自文藝復興以來的暢銷書，十本展示的書中，有三本被歸類為「忠告」，分別是關於動物飼養、縫紉和園藝的書。我覺得很驚訝，在幾百年前剛開始有印刷機的時代，提出忠告的書竟然就能吸引大眾的注意。

多年前我治療過一位作家，她在連續寫出兩本小說後，就對寫作感到索然無味，決定不再寫作，除非出現什麼緊咬屁股的靈感，我聽了咯咯輕笑，但並沒有真正體會她的意思，直到杭汀頓圖書館的那一刻，我被寫出一本忠告之書的想法咬住屁股不放時，才懂得她在說什麼。我立刻決定放下其他寫作計畫，開始搜尋我的臨床筆記和日記，向開始學心理治療的人寫了一封公開信。

里爾克（Rainer Maria Rilke, 1875-1926，奧地利詩人）的幽魂圍繞著本書的寫作。在杭汀頓圖書館的經驗之前不久，我重讀里爾克的《給青年詩人的信》（*Letters to a Young Poet*），因而有意試圖把自己提升到他誠實、雍容、寬宏精神的標準。

本書的忠告取材自我四十五年來臨床實務的筆記，是我覺得在治療工作中非常有用的觀念和技巧的雜文集，這些觀念都是我個人的看法，間或夾雜一些原創的觀念，讀者不太可能在別的地方看到同樣的東西。因此，絕不能把本書看成有系統的手冊，我希望它成為完整訓練課程之外的補充。我雜七雜八地挑選了八十五個主題，根據的是我的熱情，而不是任何特殊的次序或體系。一開始，我列出了兩百多個忠告，最後刪除了我自覺熱情不足的部分。

我選擇這八十五篇文章還受到另一個因素的影響。我最近寫的小說和故事描述了許多治療的方法，都是我覺得在臨床工作中有用的部分，不過小說是喜劇，常常帶著嘲弄的語氣，許多讀者並不確定我描述的治療方法是否當真，這本書讓我有機會寫下正經的紀錄。

這本書詳細記錄我特別喜歡的方法或敘述，內容著重於技巧，較少談及理論。想要了解更多理論背景的讀者可以閱讀我寫的教科書《存在心理治療》（*Existential*

Psychotherapy）和《團體心理治療的理論與實務》（*The Theory and Practice of Group Psychotherapy*），本書可說是發源於這兩本書。

由於我接受的是內科學和精神醫學的訓練，已經習慣用「病人」這個措辭（字源是拉丁文的 patiens，意思是受苦或患病的人），可是我用這個名詞是與「案主」同義的，案主是心理學和諮商輔導傳統常用的名稱。對有些人而言，「病人」這個用語代表一種冷漠、不關心、不投入、權威的治療師立場，但詳細讀過本書後，讀者就會知道我想要鼓勵的是以投入、開放和平等為基礎的治療關係。

包括我以前寫的書在內，大部分的書都會以一些堅實的論點當骨幹，然後填入許多內容當血肉，以優雅的方式把骨幹串連起來。由於我選取了許多建議和獨立的文章，刪去了填充和過渡的文章，所以這本書會有情節不連貫而跳動的情形。

雖然我是雜亂地選取這些建議，也期望讀者會以沒有系統的方式瀏覽這些作品，不過，我後來想了一想，還是把這些文章組合起來，以便於閱讀。

第一部（1—40）談到心理治療師和病人的關係，特別強調此時此地、治療師如何運用自己這個人，以及治療師的自我坦露。

第二部（41—51）則從過程轉向內容，提出一些方法來探討死亡、生命的意義、自由（包括責任和決定）這幾項終極關懷。

第三部（52—76）談到平常治療行爲中的各種議題。

第四部（77—83）論及夢在治療中的運用。

第五部（84—85）討論身爲治療師的危險和特權。

這本書穿插了許多我特別喜歡的名言和技巧，同時我也鼓勵自發性和創造力，所以請不要把我的治療風格當成某種特定程序的訣竅，它們代表的只是我自己的觀點，以及我想深入找出自己風格和論點的企圖。許多學生會發現，其他理論的立場和技巧風格可能更適合他們。本書的忠告來自我臨床治療高功能與中高功能病人的經驗（而不是精神病患或明顯有智力障礙的病人），我們的會談通常是一週一次（有時是一週兩次），時間持續數個月到兩、三年。我治療這些病人的目標是很有雄心的。除了症狀的移除和痛苦的減輕，我還努力促進個人的成長和基本的人格變化。我知道許多讀者會有不同的臨床處境、不同的環境、不同的病人族群，以及較短的治療期，但我仍希望讀者能找到有創意、屬於自己的方式，把我的所學加以改造，並應用到自己特殊的工作處境中。

【第一部】

心理治療師和病人的關係

要有耐心面對每一件無法解決的事，

試著去愛那些難題，

也去愛那些提出問題的人。

01 移除病人面前的障礙

人的內心藏有自我實現的傾向。只要移除障礙，每個人都能發展爲成熟而完全實現自我的成人，就好比小小的橡實終將長成高大的橡樹一樣。

在我還是學習心理治療的年輕學生時，所讀過最有用的書就是卡倫·荷妮（Karen Horney）的《自我的掙扎》（*Neurosis and Human Growth*，直譯為「精神官能症與人的成長」），這本書最有用的觀念就是，人的內心藏有自我實現的傾向。荷妮相信，只要移除障礙，每個人都能發展為成熟而完全實現自我的成人，就好比小小的橡實終將長成高大的橡樹一樣。

「就好像小小的橡實終將長成高大的橡樹……」，這個奇妙的意象是多麼清楚而釋放人心啊！這句話徹底改變了我對心理治療的態度。我對自己的工作有了新的識見，我的任務是移除阻擋在病人面前的障礙。我不需要一肩挑起所有的工作，不需要鼓舞病人產生成長的欲望、充滿好奇心、意志力、對生命的熱情、愛心、忠誠，或是使我們成為完人的無數特徵。不，我必須做的只是找出障礙，並將之移除，其餘的部分會被病人內在實現自我的力量所激發而自動出現。

記得一位年輕的寡婦說她有顆「破敗的心」，已無法再愛任何人。要處理無法愛人的問題實在令人卻步，我不知道該怎麼做。但如果是把心力拿來找出她在愛人方面的障礙，並將之移除呢？這是我可以做的。

我很快了解愛別人會使她覺得自己不忠，對她而言，愛上另一個人就是背叛死去的丈夫，就好像逼丈夫最後蓋棺論定一樣。要是她愛另一個人像愛丈夫一樣深刻，就意味著她對丈夫的愛是有瑕疵的，這是她完全無法接受的。她怕愛別人會毀掉自己，因為它必然會伴隨著失落與失落造成的劇痛。她覺得再次戀愛是不負責任的，因為她是邪惡、不祥的人，她的吻是死之吻。

我們努力治療了好幾個月，以找出所有阻止她愛上別人的障礙，在這段時間，我們依次對付每一個非理性的障礙。雖然辛苦，可是一旦完成，病人內在的動力就接管之後的過程。她遇見一位男人，沉浸在愛河中，終於再婚。我不需要教她如何尋找，如何給予，如何珍惜，如何去愛——其實我也不知道該怎麼教她這些事。

關於荷妮，我想再多說一些，大部分年輕的治療師並不熟悉她。由於在我們這個領域中，傑出理論家的興衰速度太快了，我將會不斷提起往事，不只是為了對他們表達敬意，也是強調心理治療領域長久以來有許多卓越的貢獻者，為今日的治療工作打下深厚的基礎。

美國對心理動力理論的獨特貢獻具體呈現在「新佛洛伊德」運動中，這是一群反對佛洛伊德把焦點放在驅力理論的醫師和理論家所興起的運動。所謂驅力理論就是認為發展中的個體主要是受到內建驅力的表現所控制的。

新佛洛伊德學派強調個體周遭人際環境的龐大影響，終其一生都會形塑人格的結構。最知名的人際理論家包括蘇利文（Harry Stack Sullivan）、佛洛姆（Erich Fromm）和荷妮，他們的理論都已深深地整合、同化到我們今日所使用的治療語言和實務之中，我們自己雖然不知道，卻都可說是新佛洛伊德學派的一員。這讓我想起莫里哀（Moliere, 1622-1673，法國著名劇作家）的《貴人迷》（*Molière's Le Bourgeois Gentilhomme*）——劇中描寫的朱耳丹先生，在學習散文的定義時驚嘆道：「想想看，我一輩子說的話都是散文，而自己卻毫不自知。」

02 診斷限制了我們的能力

在治療工作中，我們必須保持某種客觀性，但不要太過頭了；如果對DSM診斷系統過於認眞，如果你眞的相信可以清楚地將人的本質切割開來分類，就可能危害到治療探險中，人性、自發、創造和不確定的本質。

現代心理治療的學生在學習時，過於強調診斷的重要性。管理式照護（Managed-care）的經理人要求治療師盡快做出精確的診斷，然後配合這個診斷進行一系列簡短、集中的治療。聽起來很好，既合理又有效，可是一點也不符合現實狀況。這種做法代表虛幻的企圖，想要把制式的科學硬行套在活生生的人身上，這是既不可行又沒有用的方法。

雖然在許多以生理因素為本質的嚴重疾病（如精神分裂病、躁鬱症、重鬱症、顳葉癲癇、藥物中毒、毒素、退化性，或感染原所造成的器質性腦疾患），診斷無疑非常重要，可是對接受日常心理治療、較不嚴重的病人而言，診斷卻常常有害無益。

為什麼呢？因為心理治療包含一種逐漸展開的過程，治療師在過程中企圖盡可能完全了解病人。診斷會削弱把對方看成一個人的能力。一旦做出診斷，我們就會選擇性地忽略某些不符合特定診斷的觀點，過度注意能證實原初診斷的隱微特徵。更有甚者，診斷可能會產生自我預言的作用，說病人有「邊緣性人格」或「歇斯底里」可能會刺激並強化這些特性。事實上，長久以來，在臨床領域中就有這種因診斷而造成影響的例子，包括當前引起許多爭議的多重人格疾患和受到壓抑的性侵害記憶。同時，請記住，《精神疾病診斷統計手冊》（DSM）關於人格疾患的準則，可信度很低，而這類病人常常正是接受長期心理治療的病人。

第一次會談比較容易做出DSM第四版的診斷，而在經過一段時間，比較了解病人以後（例如十次會談之後），反而很難下診斷。面對這樣的情形，難道治療師不覺得奇怪嗎！這不是一種很奇怪的科學嗎！我有位同事對後輩指出這一點時，有如當頭棒喝。他問精神科住院醫師：「如果你正接受心理治療，或是考慮接受心理治療，你認為治療師用DSM第四版的哪一種診斷，可以合理地套用在像你這樣複雜的人身上呢？」

在治療工作中，我們必須保持某種客觀性，但不要太過頭了；如果對ＤＳＭ診斷系統過於認真，如果你真的相信可以清楚地將人的本質切割開來分類，就可能危害到治療探險中，人性、自發、創造和不確定的本質。請記得，規畫舊有而現已廢棄的診斷體系的醫師，就和現在ＤＳＭ委員會成員一樣能幹、自負且信心十足。總有一天，目前ＤＳＭ第四版如同餐館菜單的編排內容，會被心理衛生專業人士視為笑柄。

03 旅程中的同伴

我比較喜歡把自己和病人看成「旅程中的同伴」，這個用語打破了他們和我們，也就是受痛苦折磨的人和提供療癒的人之間的藩籬。

法國小說家安德烈．馬爾羅（Andre Malraux, 1901-1976）描述一位鄉下神父在聽取數十年的告解之後，以這樣的方式來總結他所認識的人性：「首先，人都比任何人所以為的更不快樂……，而且，根本沒有所謂成熟的人這回事。」包括治療師和病人，每一個人都注定不但要體驗愉快的人生，也必然要經歷人生的黑暗——理想幻滅、年老、疾病、孤獨、失落、缺乏意義、痛苦的選擇、死亡。

關於這一點，再沒有人說得比德國哲學家叔本華（Arthur Schopenhauer, 1788-1860）更赤裸而冷酷的了。他說：

我們在年輕時思量即將來臨的人生，就好像戲院裡的小孩，在帷幕拉開前，快樂地坐著，熱切等待即將開始的劇碼。不知道將要發生什麼事，對我們而言是一種幸事，如果我們能預知一切，就會發現在許多時刻，我們就像被判刑的囚犯，不是死刑，而是無期徒刑，卻又完全不知道這種判決代表什麼意義。

他又說：

我們好像草原上的羔羊，在屠夫眼前嬉戲，一隻接一隻地成爲他們的獵物。就像這樣，我們在平安的日子裡，不知道命運即將加諸於我們的邪惡——疾病、貧困、殘廢、喪失視力或理智。

雖然叔本華的觀點相當受到個人本身不幸的影響，但我們還是很難否認每一個有自覺的人的生命中與生俱來的絕望。我和妻子有時會計畫假想的晚宴來自娛，安排具有相似習性的人一起參加晚宴，比如滔滔不絕、不讓別人插話的人，或是激昂的自戀狂，或者很懂得如何以消極方式來反抗的人。有時也會想像只邀請真正快樂的人來辦個「快樂」的宴會。雖然我們可以針對各種異想天開的聚會，輕而易舉地從認識的人中找到足夠的人數，卻從來不曾湊滿一桌「快樂的人」。每次我們找到幾位生性快樂的人，放入預定名單裡，然後繼續尋找其他人選來湊滿一桌時，就會有某個已選定為快樂的人被生活中的重大不幸所擊倒，通常是身染重病或子女、配偶罹患重病。

這種對生活悲觀但符合現實的觀點，長久以來一直影響我與病人的關係。雖然描述治療關係時有許多種說法，如病人／治療師、案主／諮商者、精神分析的對象／精神分析師、當事人／幫助者，還有最令人反感的使用者／提供者，但沒有任何一個說法可以傳達我對治療關係的感覺。我比較喜歡把自己和病人看成旅程中的同伴，這個用語打破了「他們」（受痛苦折磨的人）和「我們」（提供療癒的人）之間的藩籬。當我接受專業訓練時，常常聽人談到「徹底被分析過的治療師」這個觀念，可是隨著時日遷移，我和許多治療師建立親密的關係，認識這個領域中的許多大老，他們為昔日的治療師和老師提供援助，而我本人也成為別人眼中的老師和長輩，才明白以前的想法根本就是神話。每一個人都一樣，沒有哪一個治療師、沒有任何一個人，可以免除存在的悲劇本質。

我最喜歡的療癒故事中，有一篇在赫曼・赫塞（Hermann Hesse）所著的《玻璃珠遊戲》（*Magister Ludi*）裡。故事敘述在聖經時代有兩位知名的治療師，分別叫約瑟夫和迪昂，雖然他們的治療都非常有效，但兩人的方法卻完全不同。較年輕的治療師約瑟夫透過安靜、充滿啟示的傾聽來治療，朝聖的人都信賴他，痛苦和焦慮傾吐到他耳中，就好像水流入沙漠一樣地消失了，懺悔者離開時都覺得內心放空而平靜。相反的，年紀較長的治療者迪昂會積極面質那些尋求幫助的人，準確猜出他們未吐露出來的罪過，他是偉大的審判者、懲罰者、責罵者與矯正者，透過積極的干預來治療，把懺悔者當成小孩來對待，提出忠告，以指定的苦修來懲罰，安排朝聖和婚姻，強迫敵人彼此和解。

這兩個治療師素未謀面，多年來兩人互把對方視為競爭的對手，直到有一天，約瑟夫的心靈生病了，落入絕望的黑暗深淵，苦於自我毀滅的意念。由於無法用自己的方法自我治療，於是他啟程南下，尋找迪昂的幫助。

在路途中，有一天傍晚，約瑟夫在綠洲休息，遇見一位年長的旅者，兩人聊了起來，約瑟夫談到這次旅行的目的，年長的旅者願意當他的嚮導，兩人一起跋涉很長的路途，最後年長的旅者告訴約瑟夫自己的身分，無巧不巧，他本人就是迪昂，就是約瑟夫尋找的人。

迪昂毫不猶豫地邀請這位年輕、絕望的對手到家中，兩人共同生活、工作了許多年。迪昂先是要求約瑟夫當僕人，然後提升到學生，最後則成為工作伙伴。數年後，迪昂重病，死前對年輕的伙伴吐露心聲，談到當年約瑟夫因可怕的疾病而啟程尋求老迪昂的幫助時，奇蹟似地發現旅程的同伴兼嚮導竟然就是迪昂本人。

現在迪昂即將走到生命的終點，覺得是告訴約瑟夫真相的時候了。迪昂坦承那時對他來說，也像奇蹟一樣，因為他也落入絕望之中，同樣覺得空虛和心靈的乾枯，無法幫助自己，於是啟程尋找幫助，在綠洲和約瑟夫相遇的那一夜，他正要去尋找一位名叫約瑟夫的著名治療師。

赫塞的故事一直超乎尋常地令我感動，像是充滿深刻啟示的話，在給予和接受幫助、誠實和欺騙、治療者和病人間的關係上，深深打動我的心房。兩個人以完全不同的方式接受有力的幫助，年輕的治療師受到呵護、照顧、教誨、良師的指導和父母般的養育。相反的，年長的治療師卻透過照料另一個人，藉著得到一位門徒，而收到來自子女的愛、尊敬，他的孤獨因而得到慰藉。

可是現在我重新思考這個故事，會覺得這兩位受傷的治療師原本或許可以為對方提供更多的幫助，他們可能與某種更深刻、更真誠、更有力的改變機會失之交臂。也許，真正的治療發生在臨終的那一刻，兩人誠實說出彼此是旅行的同伴，都只是人，道道地地的人罷了。二十年的守口如瓶，雖然彼此都得到幫助，卻可能妨礙了更深刻的幫助。如果迪昂臨終的坦承提早二十年說出來的話，會發生什麼事呢？如果治療者和尋求幫助的人能結合起來，共同面對沒有答案的問題，會有什麼結果呢？

這正回應出里爾克寫給一位年輕詩人的信。他在信上說：「要有耐心面對每一件無法解決的事，試著去愛那些難題。」我想再加上一句：「也試著去愛那些提出問題的人。」

04 親近的關係

在治療中，只有透過自己與治療師間親近關係的體驗，才能得到幫助。因此，最重要的就是關心並維護我與病人的關係，我會仔細注意我與病人如何看待對方的每一個細微差異。

許多病人都在親密這個範疇中有很多衝突，在治療中，只有透過自己與治療師間親近關係的體驗，才能得到幫助。有些人害怕親密，是因為他們相信自己有某種根本不被接納的特質，某種令人厭惡、不可原諒的特質。如果是這樣的話，向別人完全顯露自己而仍然得到接納，或許會是治療上的重大助力。還有些逃避親密的人可能是出於害怕被人利用、受制於人或是被遺棄，對這些人而言，親密與關心的治療關係可以成為具有矯正作用的情緒經驗。

因此，最重要的就是關心並維護我與病人的關係，我會仔細注意我與病人如何看待對方的每一個細微差異。病人今天看起來是不是有點冷淡？好強？不注意我說的話？他是否私下運用我說的話，卻拒絕公開承認我的幫助？她對我是否過度恭敬？諂媚？太少表達反對或不同的意見？疏離或多疑？他是否夢見我，或是把我放在白日夢的情節中？他在幻想時，對我說了什麼話？這些都是我想知道的，而且多多益善。我在一個小時的會談中，一定會核對彼此的關係，有時可能只是簡單地問：「今天我們進行得如何？」或是：「今天在這裡會談的感覺怎麼樣？」有時我會請病人推測會談之後的感受和想法：「想像半個小時以後，你在開車回家的路上回顧今天的會談，你對自己和對我會有什麼感覺？關於你我今天的關係，會有什麼想說而沒說的話，或想問而沒問的問題呢？」

05 支持

病人多年後回顧治療的經驗時，會記得什麼？不是洞察力，也不是治療師的詮釋，他們記得的多半是治療師所說的正向支持的話。

密集個別治療的最大好處之一，就是讓人體驗到正向支持的重要價值。問題：病人多年後回顧治療的經驗時，會記得什麼？答案：不是洞察力，也不是治療師的詮釋，他們記得的多半是治療師所說的正向支持的話。

我認為，時常表達我對病人各式各樣特質的正向想法與感受是非常重要的。例如他們的社交技巧，知性上的好奇，溫暖，對朋友的忠誠，口才，面對內在惡魔的勇氣，致力於改變自己，願意向人坦露自己，對子女的疼愛溫柔，承諾打斷家庭暴力的惡性循環，決定不再把「燙手山芋」傳遞給下一代。千萬不要小氣，表達這些觀察和你的正向看法實在是太重要了！但請注意不要用空泛的讚美，要讓你的支持像回饋或詮釋一樣的敏銳。請牢記這是治療師的最大力量，這個力量有部分是出於我們得以參與病人最私密的生活事件、想法和幻想。得到一個知你甚深的人的接納和支持，是非常大的肯定力量。

如果病人踏出治療上重要且有勇氣的一步，就稱讚他們走出的這一步。如果我深深投入一次會談，為一個小時匆匆即逝感到遺憾的話，我會告訴病人自己實在不希望會談這麼快就結束，也會毫不猶豫地拖延幾分鐘，以超過時間來表達自己的遺憾（小小的告白：每個治療師都有許多這種偷偷違規的經驗）。

治療師常常是唯一看到偉大劇本和勇敢行動的人，有這種特權的人當然要對演員有所反應。雖然病人可能有其他知心密友，但沒有人能像治療師一樣對某些重大的演出表現出充分的欣賞。舉例來說，多年前有位名叫麥克的病人，是個小說家，有一天告訴我他剛剛關閉了一個祕密的郵政信箱，多年來他都是用這個信箱暗中與外遇對象聯絡，所以，關閉這個信箱是一種重大的舉動，我認為自己有責任肯定他採取這個行動所需要的勇氣，所以向他表達我的讚賞。

幾個月後，他還是不斷懷念昔日戀人，為此備受折磨，我提供對他的支持：

「麥克，你知道，你經歷的這種激情並不會很快就煙消雲散，你當然會再度面臨這種渴望，這是必然會發生的，這是人性的一部分。」

「你是說這是我弱點的一部分吧。我真希望自己是堅強的男人，把她永遠丟開。」

「這種堅強的男人是機器人。謝天謝地，你不是機器人，我們常談到你的敏感度和創造力，這些是你的豐富資產，所以你的文筆才那麼有力，這也是別人會被你吸引的原因。可是這些特質有其陰暗面，就是容易焦慮，而使你無法在這種情形下平靜的生活。」

我自己就遇過一個很好的例子，能說明從不同的角度來看批評，可以讓人得到很大的安慰。前一陣子我因為一篇抨擊我著作的書評，向朋友威廉·布萊提（William Blatty）表達自己的失望，他是《驅魔者》（*The Exorcist*）一書的作者，他以非常奇妙的支持態度回應，立刻紓解了我的傷痛。他說：「歐文，你當然會對這篇評論感到不舒服，這可是件好事，如果你不是這麼敏感的話，就不可能成為這麼好的作家。」

所有治療師都會找到自己支持病人的方式。拉姆·達斯（Ram Dass）有段話在我心中留下不可磨滅的深刻印象，他在印度向一位導師學習多年，辭別時，達斯哭著說他還不想走，因為他還有許多缺點，還很不完美。他的導師站起身，緩慢莊嚴地繞著他，仔細看了一圈，然後正式宣布：「我沒有看到任何缺點。」我從來不曾這樣繞著病人，仔細地看他們，我也一直認為成長的過程是沒有止境的，但無論如何，這個描述常常指引我的談話。

支持可能包括對外觀的品頭論足：某件服裝用品，精力充沛、曬得發亮的面容，新的髮型。如果一個病人堅信自己的外型毫無吸引人之處，我相信該做的事就是說出你覺得他具有吸引力的部分（如果你真的這麼覺得），並質疑他為什麼會有自己缺乏吸引力的迷思。

我的小說《媽媽和生命的意義》（*Momma and the Meaning of Life*）中有一篇關於心理治療的故事，主角厄尼斯特．賴許被一位非常具有吸引力的女病人逼到角落，她問：「我對男人有吸引力嗎？對你呢？如果你不是我的治療師，會不會想和我做愛？」這些問題是最可怕的夢魘，是治療師最怕遇到的問題。正是因為害怕這些問題，導致許多治療師很少談論自己。可是我相信這種恐懼是沒有必要的，如果你從為病人好的角度來考慮，為什麼不能像小說中的主角一樣簡單地回答：「如果時空完全不同，我們在另一個世界相遇，我仍單身，也不是你的治療師，我的答案是『會』，我會覺得你很吸引我，一定會盡力去認識你。」這有什麼危險？我認為這種坦率只會增加病人對你的信任，也會更信任治療的過程。當然了，這不表示治療師不能針對病人的問題提出其他的詢問方式，比如問病人的動機，提出問題的時機（標準的問法是「為什麼現在提出來？」）或是問病人為什麼那麼關注肉欲或誘惑，而不是提出更重要的問題。

06 從病人的窗戶往外看

要從別人的窗戶往外看，試著去看病人所看到的世界。請記住，病人對會談的看法和治療師的看法是非常不同的。

有些話或事件會印在人的心坎裡，不斷提供指引或慰藉，這實在是很奇妙的事。幾十年前我看過一位罹患乳癌的病人，她在青少年時有很長一段時期一直激烈反抗，一味反對她的父親。由於渴望與父親和解，重新展開不同的關係，她很期盼父親開車送她到大學的旅程，那時她將可以單獨和父親相處好幾個小時。可是期待已久的旅程竟然徹底失敗，父親一如往常，一路抱怨旁邊的溪流醜陋而堆滿垃圾，可是她看到的卻是充滿鄉村風味、未受破壞的乾淨小河，她實在不知道該做何反應，最終陷入沉默，在剩餘的旅程中，兩人誰也不再看對方一眼。

後來她獨自經過同一條路，震驚地發現那裡有兩條河：路的兩旁各有一條。她傷心地說：「這次是我開車，我從駕駛座那一側看出去，確實看見一條醜陋而被汙染的小河，就像我父親說的一樣。」可是當她學會從父親的窗口往外看時，已經太遲了，她的父親早已過世。

我一直牢記著這個故事，常常提醒自己和學生：「要從別人的窗戶往外看，試著去看病人所看到的世界。」這位女性告訴我這個故事後不久，就死於乳癌，我很遺憾無法告訴她，她的故事多年來對我、對我的學生和許多病人，是多麼地受用。

五十年前，卡爾·羅傑斯（Carl Rogers）認為「正確的同理心」是有效治療的三個基本特徵之一（另外兩個是「無條件的正向關懷」和「真誠」），開啟了心理治療研究的新領域，最終發現確實有許多證據支持同理心的效力。

如果治療師能準確地進入病人的世界，就能強化治療。病人光是有完全被人看見、被人了解的經驗，就已受益良多，所以治療師要能領會病人是如何體驗過去、現在和未來的事，這是非常重要的。我認為治療師必須不斷核對自己的假設，例如：

「鮑伯，關於你和瑪麗的關係，我的了解是這樣的，你說你堅信兩人並不合適，所以你非常希望和她分手，對於她的陪伴感到很煩，而避免整晚和她在一起。可是在她如你所願地離開後，你卻又非常想念她。我聽到你說自己並不想和她在一起，可是在你需要她的時候，又不能忍受她不在身邊。我說的對嗎？」

正確的同理心在當下特別重要，也就是在治療的此時此地。請牢牢記住，病人對治療會談的看法和治療師的看法是非常不同的，即使是經驗豐富的治療師，也會一次又一次驚訝地發現這種現象。我的病人常常在會談一開始時，提到上次會談中的某件事引起他極為強烈的情緒反應，而我卻覺得非常困惑，怎麼也想像不出那件事為什麼會引發他如此強大的反應。

我在多年前開始注意病人和治療師雙方看法的分歧，那時我正在研究治療團體和會心團體成員的經驗，請許多成員填寫問卷，寫出各人認為每次團體進行時的關鍵事件，成員的描述與團體領導者的評估有很大的差異，而成員和領導者對整個團體經驗各自選出的關鍵事件，也有類似的差異。

我第二次注意到病人和治療師雙方觀點的差異，是在一次非正式的實驗中，我和病人各自寫下每次治療會談的摘要，那位病人叫金妮，是位很有天賦和創意的作家，當時不但無法寫作，也無法用任何方式來表達自己，她參加了一年由我帶領的團體治療，但沒有什麼效果。她很少披露自己的事，不太對其他成員談論自己，把我過度理想化，以至於不可能有任何真誠的相會。當金妮因為經濟壓力不得不離開團體時，我提出一項不尋常的實驗，就是由我為她進行個別治療，條件是要她在每次治療後寫一篇自由不受約束的摘要，把所有在會談中未說出的感受和想法寫下來，以此取代治療費用。我也寫出自己的部分，兩人都把每週的報告密封起來，交給我的祕書保管，每隔幾個月再去讀彼此的紀錄。

我的計畫有好幾個目的，希望這份書寫任務不只能使病人重新寫作，也能鼓勵她在治療中更自由地表達自己，也期望她閱讀我的紀錄後，能改善我們的關係。我打算在自由書寫中坦露自己在會談中的經驗：快樂、挫折、困惑。如果金妮能看見真實的我，或許能去除對我的理想化，從更人性的基礎與我連結。

（在此跳開來談一點與同理心無關的事，那時我正想發展自己的寫作能力，提議和病人一起寫作也有自私的動機。提供特別的寫作練習，以及打斷專業束縛的機會，讓我能自由地寫下每次會談的感想。）

每隔幾個月交換閱讀對方紀錄的經驗，簡直就像羅生門一樣。我們雖然共度會談的一小時，可是兩人的經驗和記憶卻完全不同。比如說，兩人重視的部分就非常不同，她根本沒有聽進我精練高明的詮釋，她重視的是我幾乎沒有注意到的小動作。我對她穿著、外觀或文筆的稱讚，我因為遲到幾分鐘而尷尬道歉，我因為她的幽默嘲諷而咯咯輕笑，我在角色扮演時對她的取笑。【原註：後來我以這些會談摘要來教學，發現非常有教學價值，學生說我們的紀錄具有書信體小說的特徵，結果在一九七四年，我與病人金妮（假名）共同出版這本書《日漸親近》（*Every Day Gets a Little Closer*），二十年後又以平裝版重新發行，回顧起來，副標題「兩套說法的治療」（Twice-Told Therapy）比較貼切，可是金妮愛死了搖滾歌手柏帝・哈利（Buddy Holly）的老歌，想與這首歌的旋律緊密結合在一起。】

這些經驗都教我不要自以為病人和我在那個小時中有相同的經驗，當病人談到上次會談時的感受，我一定會詳細詢問他們的經驗，也幾乎都會學到一些出乎意料的新鮮事。同理心也是日常談話中重要的部分——流行歌手顫聲唱著陳詞濫調，說要如何設身處地為別人著想——我們卻傾向於忘記這個過程的複雜。要真的了解別人的感受，實在是非常困難的事，我們常常把自己的感受投射到別人身上。

佛洛姆在教導學生同理心時，常常引用泰倫斯（Terence，古羅馬喜劇作家）在兩千年前所說的話：「我是個人，願意接受人類的每一件事。」並強烈要求在聽到病人所說的任何行為或幻想時，不論多麼可憎、激烈、淫蕩、變態或殘酷，都要打開自己相應的部分來接納，如果做不到的話，佛洛姆建議我們要探究為什麼自己選擇把這個部分關閉起來。

當然了，了解病人的過往經驗，可以大幅增強你從病人的窗戶往外看的能力。例如，如果病人曾遭受一連串的失落，他們就會用失落的眼光來看世界，因為害怕承受又一次的失落，而不願重視你或與你太親近。所以，探究病人的過去不只是為了建構因果關係，也是為了讓我們能更正確地同理對方。

07 對別人的同理心

正確的同理心不只是治療師不可或缺的特質，也是病人需要的特徵，我們必須幫助病人發展對別人的同理心。

正確的同理心不只是治療師不可或缺的特質，也是病人需要的特徵，我們必須幫助病人發展對別人的同理心。請牢牢記住，病人會來找我們，通常是因為無法發展並維持滿意的人際關係。許多人無法同理別人的感受和經驗。

我相信此時此地的場景是治療師幫助病人發展同理心的利器，方法很簡單：幫助病人同理你的體驗，他們會自動把這個經驗推展到生活中其他重要的人身上。常見治療師詢問病人所說的某句話或做法會怎麼影響到別人，我建議治療師要把自己放到問話中，讓病人了解治療師所受的影響。

當病人大膽猜測我的感受時，我通常會深入談下去。例如，假使有個病人對我的某個姿勢或話語加以解釋，而說：「看到我，你一定覺得很厭煩。」或是：「我知道你很不想和我會談。」「我和你會談的這一個小時，一定是你一天中最不快樂的時光。」這時我會先了解病人的現實感，然後說：「你想不想聽聽看我怎麼說？」

這是簡單的社交技巧訓練：我要求病人直接對我說話或詢問，我也盡力以直接有效的方式回答，例如我可能回答：「你完全誤解我了，我並沒有你說的那些感受，我很喜歡我們的會談。你一直展現很大的勇氣，努力探索，不曾錯過任何一次會談，從來就不遲到，冒險與我分享許多私密的事，從各方面來看，你都做得很好。可是我也發現到，每當你揣測我對你的感覺時，常常都不符合我的內在經驗，而錯誤也總是發生在相同的方向：你對我的解讀，總是低估了我對你的關心。」

再舉一個例子：

「我知道你以前聽過這個故事，可是……。」（病人接著開始述說一段冗長的故事）

「我很驚訝，你常常說我以前聽過這段故事，然後又繼續說這個故事。」

「我知道，這是個壞習慣，我也不知道爲什麼會這樣。」

「如果我再聽一次相同的故事，你猜我會有什麼感覺？」

「一定覺得很厭煩，你可能希望這個鐘頭趕快過去——你還可能一直看時間。」

「你想不想聽聽看我怎麼說？」

「你是不是這樣？」

「我對於再次聽到相同的故事確實會感到不耐煩。我覺得它擋在我們中間，好像你並不是在對我說話。關於我看時間的部分，你說對了，我確實在看鐘，但我這麼做是希望在你說完故事後，我們還有足夠的時間對談。」

08 讓我們一起改變

要重視病人，讓他們進入你的心裡，影響你、改變你，而且要讓他們知道這一點。

我所聽過最令人難過的心理治療故事，是三十多年前我在塔維史托克醫學中心（Tavistock Clinic）當研究員時，一位知名的英國精神分析師暨團體治療師告訴我的。他當時已年滿七十歲，正準備退休，前一晚才主持一個長期治療團體的最後一次聚集，成員中有許多人參加這個團體已超過十年，大家回顧多年來彼此身上的種種改變，並且一致同意只有一個人完全沒有改變，就是治療師！事實上，他們說他和十年前完全一模一樣。他抬頭看著我，用手指敲桌子以示強調，帶著權威的語氣說：「年輕人，那是很不容易的技巧。」

每當我想到這件事，就會覺得很難過，和一群人在一起那麼久，卻不夠重視他們，否則不會不受他們的影響而改變。我迫切地勸你們，要重視病人，讓他們進入你的心裡，影響你、改變你，而且要讓他們知道這一點。

幾年前，我聽到一位病人詆毀好幾位朋友，說她們「隨便和別人睡覺」。這是她的典型作風，極力批判每一個被她提到的人。我滿腹狐疑地問她，這種批評對朋友會產生什麼影響：

「你是什麼意思？」她回答：「難道我批評別人也會影響你嗎？」

我說：「我想這會使我避免對你談太多自己的事，如果我們是朋友的話，我會很小心不讓你知道我的陰暗面。」

「這種事情對我而言是黑白分明的，不然你對這種隨意性交的情形有什麼看法？難道你覺得性和愛是可以分開的嗎？」

「沒錯，我覺得這是人性的一部分。」

「真令我感到噁心。」

會談到此結束，之後數天，兩人的對話一直盤旋在我心裡，下次會談一開始，我就告訴她，想到她覺得我很噁心，令我感到非常不舒服。她非常驚訝，說我完全誤會她的話，她的意思是對人性和自己的性欲感到噁心，並不是對我或我的話感到噁心。

後來她又談到這件事，並說雖然她因為使我不舒服而感到抱歉，可是對於我這麼重視她，仍然覺得感動而高興。這件事戲劇性地催化了治療。在接下來的幾次會談中，她更信任我，也更願意冒險談自己的事。

最近有位病人寄電子郵件給我說：

> 我愛你，可是我也恨你，因爲你離我而去，不只是因爲你去阿根廷和紐約，或是去了西藏和廷巴克圖（Timbuktu，非洲撒哈拉沙漠南緣的歷史名城），還因爲你每到週末就會關起大門離開，你可能只是打開電視看足球比賽，或是查詢道瓊工業指數，邊喝茶邊哼著愉快的曲調，完全把我忘到九霄雲外；而我又知道，憑什麼要你記得我。

這段話可說是許多未提出質疑的病人想說的話：「在兩次會談之間，你是否會想到我？還是你根本就把我忘得一乾二淨？」

在我的經驗中，病人通常並不會從我心中消失，如果我在上次會談後，想到什麼可能對病人有幫助的事，一定會在下次會談中與他們分享。

如果我覺得自己在會談中犯了錯，我認為最好直接承認錯誤。有一次某位病人談到她的夢：

我在小學時，曾對一位哭著從教室跑出來的小女孩說：「你應該記得那兒有許多愛你的人，你最好不要逃離任何一個愛你的人。」

我認為她既是說話者，也是那個小女孩，而夢境正是回應上次會談所提的事，她回答：「當然啦。」

她的話惹惱了我：她老是不願承認我的話對她有幫助，於是我堅持要分析她那句「當然啦」。之後我針對這次成效不彰的會談思考，了解到我們之間的問題大部分在於我頑固地決定要打敗那句「當然啦」，好使我對夢的洞察力得到充分的讚賞。

下次會談一開始，我就承認自己的行為不成熟，接著我們進行了一次非常有收穫的會談，她說出好幾個長久以來都不肯吐露的祕密。治療師的自我坦露可以引發病人的自我坦露。

病人有時會重要得進入我的夢境，如果我認為內容對治療有益，就會毫不猶豫地向病人分享夢境。有一次我夢見自己在機場遇見一位病人，想要擁抱她，卻被她胸前的大皮包擋住。我告訴她這個夢，並將之連結到上次會談中，討論到她在我們的關係中所放的「包袱」——就是她對父親強烈而矛盾的感受。她因為我與她分享夢而受到感動，對於我把夢連結到她將父親和我混淆在一起的情形，也覺得很有道理，但她提出另一個更有力的解釋——這個夢表示我感到很遺憾，因為我們的專業合約（皮包的象徵，其內放了金錢，也就是治療費用），使我們無法發展出完滿的關係。我不得不承認她的詮釋非常合理，它反映出潛藏在我內心深處的感受。

09 承認你的錯誤

如果你犯了錯，就承認它。任何掩飾的企圖只會弄巧成拙，公開承認錯誤對病人也是很好的示範，並顯示出你對病人的重視。

精神分析師溫尼考特（D. W. Winnicott）曾提出一個銳利的觀察：好母親和壞母親的差別並不在於會不會犯錯，而在於如何對待自己的錯誤。

我曾有位病人，她為了微不足道的理由離開前任治療師，她在第三次會談時大哭，拿起面紙盒卻發現已沒有面紙，治療師找遍整間辦公室，都找不到一張面紙或一條手帕，只好匆匆穿過大廳到廁所拿了一把衛生紙。下次會談時，病人說那件事一定使他很尷尬，可是治療師卻否認有任何尷尬的感覺，她愈堅持，治療師就愈否認，反而質疑她為什麼要懷疑他的回答。最後她斷定他並沒有以真誠的態度面對她（我也這麼認為），所以覺得再也無法信任他。

舉個認錯的例子。有位病人早年承受許多失落的經驗，當時正處理即將失去丈夫的問題，她先生因腦瘤而瀕臨死亡。有一次她問我在兩次治療之間是否會想到她。我回答：「我常常想到你的處境。」我答錯了！我的話激怒了她。她問：「你怎麼能這麼說，你是助人工作者，要求我分享自己最深的私密感受。你的話卻只會使我更害怕自己沒有自我，每一個人想的都是我的處境，卻沒有人想到我這個人。」稍後她補充說，不只她沒有自我，就連我也在與她的會談中避免呈現自我。

接下來的一週，我反覆沉思她的話，覺得她的話完全正確，下次會談一開始，我就坦承自己的錯誤，並請她繼續以這種方式幫助我看見自己的盲點（多年前我讀到一篇費倫齊〔Sandor Ferenczi, 1873-1933〕的文章，他是一位極有天分的精神分析師，文章記錄他對一位病人說：「也許你能幫我找出一些我自己的盲點。」這是另一句常存我心的話，我常在臨床工作中應用）。

我們一起檢視我對她處在痛苦深淵的擔憂，以及除了擁抱她之外，還有什麼方法能安慰她的深切渴望。我覺得在最近幾次會談中，我可能因為承諾要給她的慰藉超過了我付出的能力，而感到不安，以致於心裡逃避她。我相信這是我說出關於她「處境」這麼沒有人味的話的背景。我告訴她，當時應該誠實說出自己渴望安慰她，卻不知該如何做的情形。

如果你犯了錯，就承認它。任何掩飾的企圖只會弄巧成拙，病人會在某個層面感覺到你不誠實的作為，而傷害到治療。此外，公開承認錯誤對病人也是很好的示範，並顯示出你對病人的重視。

10 為每一位病人創造嶄新的治療

我試著爲每個病人量身打造他們需要的治療，找出最好的可行方法。我認爲這種形塑治療的過程並不只是治療的基礎或序曲，更是治療的精髓。

在當代心理治療的研究中，有一種非常矛盾的情形，由於科學家需要去比較某種心理治療方式與其他療法的效果（比如藥物治療或另一種心理治療的方式），就必須提供「標準化」的療法，也就是說，需要讓計畫中的受測者接受一成不變的療法，好讓日後使用該療法的其他科學家或治療師照章行事（換句話說，就像檢測某種藥物的效力時，必須有相同的標準，所有受試者都服用相同純度和強度的藥物，而未來的病人也將服用同樣的藥物）。可是，正是這種標準化的做法，使得治療變得不真實而沒有效果。再加上許多心理治療的研究利用經驗不足的新手或尚在學習的治療師來進行，就可以輕易了解為什麼這類研究常與現實脫節了。

想想老練的治療師做的是什麼苦差事，他們必須透過真誠、正向、無條件的尊重和自發性，與病人建立關係；在每次會談開始時，治療師要激勵病人去談他們的「急迫點」（point of urgency 這是克萊恩〔Melanie Klein〕的說法），要以異乎尋常的深度來探索他們在相遇的那一刻所展現的重要問題。什麼問題呢？可能是病人對治療師的某種感受，或是上次會談後冒出來的問題，也可能是前晚夢到的主題。我的重點在於治療是自發的過程，關係是動態而不斷發展的，要經驗並檢視這個歷程，是需要投入連續發展的過程中的。

治療之流的關鍵在於必須是自發的，一直跟隨著無法預期的河水流動；包裝成公式，好讓缺乏經驗、訓練不足的治療師（或電腦）進行過程不變的治療，等於是怪異地扭曲了治療。管理式照護運動使人感到厭惡的原因之一，就是愈來愈依賴擬定好的公式，迫使治療師遵守既定的流程，每週照表操課，按照計畫好的主題和練習進行治療。

榮格在自傳中談到，他肯定每個病人內在世界和語言的獨特性，這種獨特性需要治療師為每一個病人創造新的治療語言。也許我過於強調這種論點，可是我相信當前心理治療的危機已經嚴重到危及治療師的自發性，而需要徹底的矯正。我們需要更往前走

——治療師必須致力於為每一個病人創造全新的治療。

治療師必須讓病人知道，他們最主要的任務就是共同建立一種關係，這個關係會成為改變的原動力。在擬定好的速成療程中，實在很難教導這種技巧。最重要的是，治療師必須準備好跟著病人走到任何方向，盡其所能建立關係中的信賴感和安全感。我試著為每個病人量身打造他們需要的治療，找出最好的可行方法。我認為這種形塑治療的過程並不只是治療的基礎或序曲，更是治療的精髓。上述說法基本上是針對需要長期治療的病人，但也適用於接受短期治療的病人。

我盡量避免用預先構思好的技巧，而是讓自己自發地跟隨臨床當下情境的需要來做選擇。我相信如果是出於治療師與病人獨特的相會情境，「技巧」就是有用的。每當我對接受督導的治療師建議某種介入方法，他們就常在下次與病人會談時試用，結果總是不理想，所以我學會要在評論之前加上一段開場白：「不要在下次會談時試這個方法，而要在類似我所說的情境中……。」我的重點在於每一個治療歷程都包括大大小小自發產生的反應或技巧，這些是不可能預先安排好的。

當然了，對新手和專家來說，技巧的意含是不一樣的。學彈鋼琴的人需要技巧，可是如果最後想進入音樂的殿堂，就需要提升所學的技巧，信賴自發的動作。

例如，有位曾經歷一連串痛苦失落的病人，因為父親剛剛過世，而在會談中表現極度的絕望，幾個月前她才因為丈夫過世而深感哀傷，她不敢想像自己怎麼受得了飛回老家參加父親的葬禮，看著父親埋在年幼即去世的弟弟的墓旁，可是如果不參加父親的葬禮，又會有無法處理的內疚感。平常她是個既機智又有效率的人，常常對我和別人為她「安排」事情不滿，可是她現在需要我提供明確而可以免除內疚的方法，所以我勸她不要參加葬禮（我說是「醫生的指示」），並把下次會談時間安排在舉行葬禮的時間，完全用來追憶她的父親。兩年後，治療結束時，她談到那次會談對她是多麼有幫助。

另一位病人在某次會談時覺得淹沒在生活的壓力之中，以致於幾乎無法說話，只能抱著自己輕輕搖晃，我有一股強烈的衝動要安慰她、抱住她，告訴她一切都不會有事。由於她曾被繼父性侵害，我必須特別小心地維護她的安全感，所以沒有真的擁抱她，而是在會談結束時，衝動地提議把下次會談的時間改在她比較方便的時段。平常她需要請假才能會談，而這次我建議利用一大早，在她上班之前會談。

雖然這個做法並沒有提供我所想給她的安慰，但仍然是有益的。治療的基本原則就是所有發生的事情都是可以利用的機會。在這個例子中，病人對我的提議感到懷疑而害怕，她因此相信我並不是真的想跟她會談，因為她覺得會談的時段是我一週中狀況最差的時間，並認為我是為了自己方便而更改時間，並不是為了她好。這種想法使我們得以進入她的內心，深刻探討她輕視自己，把自恨投射到我身上的情形。

11 重要的是行為，而不是話語

治療時有幫助的，是與彼此的關係有關的事，常常是與治療架構無關的行為，或是治療師生動展現出一致性和在當下陪伴的情形。

要利用機會從病人身上學習，就必須常常詢問病人的看法，以了解他們認為治療過程中的什麼部分有幫助。我稍早強調過，治療師和病人對於治療的有效部分常有不同的看法，病人認為治療時有幫助的部分，通常是與彼此的關係有關的事，常常是治療師與治療架構無關的行為，或是治療師生動展現出一致性和在當下陪伴的情形。例如，有位病人以電話通知我，他得到流行性感冒，而我還是願意和他會談（最近他的婚姻治療師因為害怕被傳染，而在他開始打噴嚏和咳嗽時，提早結束治療）。還有一位病人認定我最後會因為她老愛發脾氣而放棄她，在治療結束時這位病人告訴我，我做過對她最有幫助的事，就是每當她對我大發脾氣時，反而主動安排額外的會談。

還有一位病人在結束治療時提到，在一次我即將外出旅行前的會談時，她交給我一篇自己寫的故事，而我寫信告訴她很喜歡這個故事，這封信是我關心她的鐵證，我不在時，她常靠這封信來得到支持。打電話給極度憂傷或有自殺危險的病人並不會花多少時間，但對病人卻有很大的意義。一位已經服完刑的偷竊癖病人告訴我，在長期治療的過程中，對她最重要的是在聖誕節一般人大肆購物的期間，我雖然外出旅行，卻打給她一通問候電話，那段期間正是她最常失控的時候。她覺得無法在我放下自己的事打電話表達關心時，還忘恩負義地偷東西。如果治療師擔心會助長病人的依賴，可以請病人一起計畫對策，討論在緊要的時候如何得到最好的支持。

還有一個例子，就是上述那位有強迫性偷竊癖的病人改變了她的行為，她現在只偷一些便宜的東西，例如糖果或香煙。她偷竊的理由是需要減輕家庭的開銷，這個想法顯然不合理，因為她其實很富有（卻不願了解先生有多少財產），更何況她因偷竊而省下來的金額根本微不足道。

我問她：「我現在要怎麼幫你？我們要怎麼幫你超越貧窮的感覺？」她淘氣地說：「可以從你給我一點錢開始。」我隨即打開皮夾，拿出五十元，放在一個信封裡，要她在想偷東西時，照那項物品的價錢從信封裡取錢。換句話說，她等於是從我這裡偷錢，而不是到雜貨店偷竊，這個方法讓她可以打斷掌控她的衝動，一個月後，她把五十元還我。從此以後，每當她以貧窮為理由強辯時，我們就會談到這件事。

有位同事告訴我，他曾治療一位舞蹈家，她在結束治療時告訴他，治療中最有意義的行動，就是他曾出席觀賞她的舞蹈發表會。還有一位病人在結束治療時舉的例子是我願意為他進行靈氣治療，她是新時代觀念的信仰者，有一天會談時說自己生病是因為靈氣不順，她躺在地毯上，我照著她的指示，把手掌保持在離她幾吋的距離，從頭頂移到腳底，以期能治療她不順的靈氣。我常常表達對各種新時代做法的懷疑，所以她認為我願意答應她的要求，是一種真誠尊重的表徵。

12 親自接受治療

治療師最有用的工具是什麼？就是治療師本人。心理治療訓練中最重要的部分，顯然就是自己要接受治療。

依我的看法，心理治療訓練中最重要的部分顯然就是自己要接受治療。問題：治療師最有用的工具是什麼？答案：治療師本人（這是每個人都有的工具）。我將會在整本書中，從各種角度來闡述治療師為什麼要運用自己的理由，以及如何運用自己的技巧。首先，我在此只簡單說明治療師必須藉著個人的榜樣來示範，我們必須顯示自己願意與病人有深入而親近的關係，在這個過程中需要熟悉如何挖掘自己的感受——這是了解病人的最佳來源。

治療師必須熟悉自己的陰暗面，並能同理所有人類的欲望和衝動，親自接受治療的經驗，可以讓治療師在學習時，從病人的立場體驗治療過程的諸多面相——將治療師理想化的傾向，依賴的渴望，對傾聽者的關心和專注所抱持的感謝，賦予治療師力量等。年輕治療師必須疏通自己的精神官能問題，學會接受回饋，發現自己的盲點，像別人看他們那樣來看自己，還要能體會自己對別人的影響，並學習如何給予正確的回饋。最後，心理治療是一種非常耗費心力的事業，治療師必須發展出覺察力和內在的力量，以適應許許多多專業上本然會有的危險。

許多訓練計畫堅持學生要親自接受一系列治療，例如加州有些心理系要求學生接受十六到三十小時的個別治療，這是個很好的開始，但只不過是個開始而已。自我探索是一輩子的事，而我認為治療最好盡可能深入而持續，治療師才能在各種不同的生命階段中進行治療。

我四十五年的職業生涯中，曾接受治療的漫長探索如下：精神科住院醫師訓練時，接受每週五次正統的佛洛伊德式精神分析，總共長達七百五十小時（訓練我的是保守的巴爾的摩華盛頓學院的精神分析師）；接受查理士·萊克勞夫（Charles Rycroft）精神分析一年（他是英國精神分析學會「中間學派」的分析師）；完形治療師佩特·邦嘉特納（Pat Baumgartner）兩年的訓練；接受羅洛·梅（Rollo May）的心理治療達三年之久（他是威廉艾藍生懷特學院（William Alanson Whyte Psychoanalytic Institute）的人際和存在導向精神分析師）；以及各種學派治療師的短期治療，包括行為治療、生物能、羅夫按摩法、伴侶治療；以及至今持續十年、沒有領導者的男性治療師支持團體；還有在六〇年代時五花八門的會心團體，包括一次裸體馬拉松團體。

上述內容有兩點需要注意。首先是各種不同的取向。對年輕治療師來說，避免學派意識是很重要的，這樣才能了解各種治療取向的力量，雖然學生可能會因此失去堅持正統所帶來的確定感，但會得到更重要的東西——更加欣賞治療工作背後的複雜性和不確定性。

我相信學習成為心理治療師的最佳途徑，就是讓自己當一個病人，所以我一直把生活中不順遂的時候視為接受教育的機會，藉此探討各種不同取向的效果。當然了，該種方法必須適用於特定的問題類型。例如，行為治療適合處理單一的症狀，所以在我為了演講或舉辦工作坊而旅行產生失眠狀況時，就會找行為治療師幫忙。

其次，我在不同的生命階段都會接受治療。除了在生涯開始時接受了廣泛而絕佳的療程，還會在生命週期不同階段的轉折點遇到完全不同的問題。直到三十多歲開始處理許多垂死病人時，我才體驗到大量而清楚的死亡焦慮，沒有人喜歡焦慮，我當然也不例外，可是我欣然接受這個機會，找到一位好治療師來探討這個內心領域。此外，當我撰寫《存在心理治療》的教科書時，也知道深刻的自我探索能拓展我對存在議題的認識，於是開始接受羅洛·梅成效良好又富啟發性的治療。

許多訓練計畫會有一部分課程提供經驗性訓練團體，這種團體把焦點放在團體進行的過程，雖然常會引發成員極大的焦慮（對領導者來說也不輕鬆，他們必須處理學生成員的競爭，以及不在團體時彼此之間的複雜關係），卻可以學到很多東西。我認為年輕的心理治療師可以從「陌生人」的經驗團體中獲益良多，或是參加長期高功能心理治療團體。只有成為團體的一員，才能真正體會團體的各種現象，比如團體壓力，宣洩的放鬆作用，領導者角色自然而有的力量，以及難受又重要的有效人際回饋。最後，如果你有幸參加凝聚力強、認真努力的團體，我保證你會覺得永生難忘，並努力讓日後的病人也能有這種團體治療的經驗。

13 治療師有許多病人，病人卻只有一位治療師

如果病人可以提出任何想問的問題，我相信很多人會問的是：你會想到我嗎？

我的病人有時會為了心理治療情境的不公平而怨嘆，他們想到我的時間遠超過我想到他們的時間，我在他們生活中的份量遠超過他們在我生活中的份量。如果病人可以提出任何想問的問題，我相信很多人會問的是：你會想到我嗎？

可以從很多角度來談這種情形，有一種角度雖然可能會激怒許多病人，但請記住，這是非常重要而必要的角度——我們希望自己在病人心中占有很大的份量。佛洛伊德曾指出，治療師必須在病人心中占有夠大的份量，好使病人和治療師之間的互動能影響病人的症狀（他的意思是指精神官能症逐漸被移情性官能症所取代），我們希望治療的時

間能成為病人生活中最重要的事情。

雖然我們的目的並不是要消除病人對治療師的所有強大感受，可是當移情的感受造成太大的不安，病人因為對治療師的感受而大受折磨時，減輕壓力是有必要的。我喜歡談治療情境本然的殘酷，來強化現實感。心理治療的本質本來就會造成病人想到治療師的時間遠多於治療師想到病人的時間，因為病人只有一位治療師，而治療師卻有許多病人。以老師來比喻常常很管用，我常指出，老師有許多學生，可是學生只有一位老師，所以學生想到老師的時間當然比老師想到學生的時間還多。如果病人有教學經驗的話，特別能了解這個比喻，還有其他可以用來比喻的專業，比如醫師、護士、督導。

還有一種我常用的輔助方法，就是談論我個人接受心理治療的經驗。可以這樣說：「我知道你想到我的時間比我想到你的時間還多，這會令你覺得不公平、不平等，因為你在兩次會談之間會繼續和我談話，卻知道我並沒有類似的談話幻想，但這只是治療過程的性質。我接受治療時也有完全相同的經驗，坐在病人的椅子上，渴望治療師會有更多時間想到我。」

14 運用此時此地

此時此地是治療力量的主要來源，治療的豐富資源，它基本上是一種不顧過去事實的做法，也不強調病人過往經驗或日常生活中的事件。

此時此地是治療力量的主要來源，治療的豐富資源，治療師的（也是病人的）最佳朋友。由於此時此地對治療的效果如此重要，所以我會比本書的其他主題討論得更多。

此時此地是指治療當下發生的事情，在此地（這個辦公室、這段關係、我與你之間的空間）和此時（會談當下的這個鐘頭）所發生的事，它基本上是一種不顧過去事實的做法，也不強調病人過往經驗或日常生活中的事件（但並沒有否定這些事的重要性）。

15 為什麼要運用此時此地？

運用此時此地的理由，就是人的問題大部分是關係的問題，而個人的人際問題最後會出現在治療的此時此地之中。

運用此時此地的理由在於以下兩個假設：⑴人際關係的重要性；⑵治療是社交縮影的觀念。

對社會學家和當代治療師而言，人際關係的重要性是如此明顯而有價值，再多加說明恐怕就要引人反感了，只要這麼說就夠了：不論我們的專業觀點是什麼，不論是研究靈長類近親、原始文化、個人的發展史或當前的生活型態，都可以明顯看出我們在本質上是社會性動物。在一生中，我們周遭的人際環境（同儕、朋友、老師和家人）對我們成為什麼樣的人都有極大的影響。這些在我們一生中具有重要形象的人，是否看重我們，對我們自我形象的形成，會有相當程度的影響。

此外，大部分尋求治療的人都在人際關係上有重大的問題，總的說來，落入絕望的人是因為無法形成並維持長久而滿意的人際關係。根據人際模式而有的心理治療，目的就是要去除令人滿意的人際關係的障礙。

第二個假設——治療是社交的縮影——意味著病人的人際問題終將顯現在治療關係的此時此地中（如果沒有過度建構治療過程的話）。在病人生活的人際關係中，如果有任何程度的苛求、擔心、傲慢、自貶、引誘、控制、好評斷、適應不良，那麼，這些特質就會進入病人與治療師的關係。這種方法基本上也是不管歷史事實的，不需要廣泛詢問過去史以了解適應不良的本質型態是什麼，因為這些型態很快就會活靈活現地在會談中顯露出來。

總結來說，運用此時此地的理由就是人的問題大部分是關係的問題，而個人的人際問題最後會出現在治療的此時此地之中。

16 此時此地的運用——靈敏的耳朵

注意病人怎麼和你打招呼，坐下，觀察或不去觀察周圍的事物，重複述說過去的事情，以及如何與你互動。

治療的第一步就是要在此時此地，找出與病人人際問題相當的情形。治療師不可或缺的部分，就是要學會把焦點放在此時此地。你必須發展出靈敏的耳朵來注意此時此地，每次治療時發生的日常事件都有豐富的資料——注意病人怎麼和你打招呼，坐下，觀察或不去觀察周圍的事物，重複述說過去的事情，以及如何與你互動。

我的辦公室是一間獨立的小屋，門前有條長約三十公尺、蜿蜒的花園小徑。由於每個病人都要走過這條小路，幾年來我累積了許多可資比較的資料。大多數病人會提到花園盛開的柔軟薰衣草，濃厚的紫藤花香，紫色、粉紅、橘紅、深紅等繽紛的色彩；也有人不談花園，有位男士每次都會有一些負面的評語，如小徑上的泥濘、雨天需要欄杆，或是隔壁樹葉的沙沙聲等。我對第一次來訪的病人都給予相同的指示。開車到某街，約一公里後經過某某路，右轉到某某某大道，不遠處有家佛瑞斯卡餐廳的標誌。有些人對我的指示會有意見，有些人則否。有位特別的病人（就是抱怨小路泥濘的那位），在剛開始會談時質問我：「你為什麼選佛瑞斯卡餐廳當地標，而不選塔科提歐餐廳？」（塔科提歐是對街一家墨西哥速食店，招牌很礙眼。）

要培養靈敏的耳朵，請牢記這個原則——一個刺激會產生許多種反應。不同的人接受某個普通的刺激時，很可能會有非常不同的反應。在團體治療中，這個現象特別明顯，團體成員同時經驗到相同的刺激，比如某個成員流淚、遲到或是質問治療師，可是每個人卻有非常不同的反應。

為什麼會這樣？只有一個可能的解釋——每個人都有不同的內心世界，所以刺激對每個人有不同的意義。在個別治療中，也可以得到相同的法則，只是這種情形是接續發生，而不是同時發生的。也就是說，同一個治療師的許多病人，在一段時間後會分別接受到相同的刺激。治療就好像活生生的羅夏墨跡測驗（Rorschach test），病人把自己潛意識的看法、態度和意義，投射到治療中。

我會有某些基本的期望，因為我所有的病人遇到的都是同一個人（假設我是個還算穩定的人），他們接受相同的指示到達我的辦公室，走過相同的小路進來，進入有著相同傢具的同樣房間，所以病人各自特異的反應是非常有意義的——這是一條讓你了解病人內心世界的捷徑。

我紗門的彈簧扣壞掉而無法關緊時，病人會有各種不同方式的反應，有位病人每次都會花不少時間想把門關好，而且每週都要為此道歉，好像門是被她弄壞似的。許多人根本不管它，而有些人每次都會指出這個缺陷，要我快點修好它，還有幾個人會很納悶我為什麼拖那麼久沒修好。

即使平凡如面紙盒，也是提供資料的豐富來源。有位病人為了抽取面紙時稍稍移動了盒子而道歉，另一位病人不願拿盒中的最後一張面紙，還有人強調自己可以動手，不讓我幫忙。有一回我忘了把已用完的面紙盒換新，被一位病人連續開了好幾個禮拜的玩笑（「喔，你今天記得了。」或「新的！你一定認為今天的會談將會很沉重。」）；另一位病人則送了我兩盒面紙。

大部分病人都讀過我的書，他們對我著作的反應也是豐富資料的來源。有些人因為我寫了那麼多書而震懾，有些人表示對我不感興趣。有位病人說他在書店讀了一些片段，但不想買，因為他「已經在我辦公室繳過錢了」；有些人相信每個人關愛的能力有限，需要節省使用，就很討厭我的書，因為書中我與其他病人親近關係的描述，表示我能留給他們的愛已不多了。

除了對辦公室環境的反應，治療師還有各式各樣的標準參考點（例如會談的開始和結束，帳單的支付），足以產生可資比較的資料。當然了，最細膩複雜的工具，心理治療實務的絕佳利器，就是治療師本人。我將會花很多篇幅來談這個工具的運用和照顧。

17 在此時此地尋找相同的情形

此時此地提供了更佳的處理方式。在此時此地尋找相當於生活中不良互動的事情，一旦確立這一點，就可以得到更準確而直接的治療。

當病人提到與另一個人相處不愉快的問題時，治療師該怎麼做呢？通常治療師會深入探討那個情境，試著幫助病人了解自己與人互動時的角色，探討不同行為的選擇，深究潛意識的動機，猜測別人的動機，並尋找相同的模式，也就是病人以往在類似處境中建立的模式。這種行之已久的方法有其限制，不但容易流於理智上的探討，而且幾乎都只是根據病人單方面提供的不正確資料。

此時此地提供了更佳的處理方式，一般的做法是在此時此地尋找相當於生活中不良互動的事情，一旦確立這一點，就可以得到更準確而直接的治療。以下舉幾個例子：

永遠不滿的凱斯

凱斯是位接受長期治療的病人，本身也是心理治療師，他談到與已成年的兒子間火爆的互動。他的兒子頭一次安排全家一年一度的釣魚和露營之旅，凱斯雖然高興兒子已經成年，自己可以放下肩頭重擔，卻無法鬆手不管，每當他無視兒子的計畫，想堅持提早幾天或改變地點時，兒子就會大發脾氣，認為父親干擾、支配他。凱斯極為震驚，完全認定自己已經永遠失去兒子的敬愛了。

在這種情形下，我的任務是什麼呢？有個遠程的任務是要探討凱斯無法放下控制的問題，以後會再回來看這一點。較近程的任務是提供立即的安慰，幫助凱斯穩定下來。我試圖幫助凱斯了解這個困境只是短暫的插曲，並不影響他與兒子之間一生的關愛。我認為自己還不能深入分析凱斯和兒子之間的事，因為我沒見過他兒子，只能推測他真正的感受是什麼。我覺得最好在此時此地找出相當於這件事的情境，然後加以處理。

可是，有什麼此時此地的情境呢。這就需要靈敏的耳朵了。我前一陣子轉介一位病人給凱斯，幾次會談後，病人就中斷治療，凱斯因為可能流失這個病人而覺得非常焦慮，煩惱了好一陣子後，才在上次會談向我「告罪」。凱斯相信我會嚴厲的責問他，永遠不原諒他的失敗，再也不轉介病人給他。請注意這兩件事的相關象徵——在兩件事中，凱斯都假定單一的行為會使某個他重視的人永遠認為他有瑕疵。

我選擇處理此時此地的事件，因為它較直接而準確。我是凱斯擔心的對象，我可以評估自己的感受，不像他兒子的感受只能用猜測的。我說他完全誤解了我，我並不懷疑他的敏感度和同情心，也確知他的臨床表現非常優異，如果我忽視長久以來對他的了解，只以一次事件來評斷他的話，未免太不可思議了，並告訴他，我以後還是會把病人轉介給他。在最後的分析中，我確信「此時此地」的治療功效遠勝於探究「彼時彼地」他與兒子的危機，他將會牢記與我的相會。如果是在理智上分析他與兒子的事件，相信他很快就會忘記了。

行為粗魯的艾莉絲

艾莉絲是位六十歲的寡婦，急著再找一位丈夫，抱怨一連串與男人的失敗關係，對方總是不加解釋就離開她。在第三個月的會談中，她和剛交往的男友墨利斯坐船旅遊，他表示不喜歡她的某些行為，比如討價還價，厚著臉皮擠到人群前面，搶占旅遊巴士的好位子。旅行結束，墨利斯就消失了，連電話也不回。

與其開始分析她與墨利斯的關係，還不如轉向艾莉絲與我的關係。我心知肚明，自己也想離開她，曾經愉快地幻想她決定結束治療。即使她無禮地要求降低治療費用，也達到了目的，卻還一直告訴我不該向她收這麼高的費用，她總是要拿費用大做文章——我一天是否該賺那麼多錢，我不願意給她更多的老人優惠等。更過份的是，她會在會談快結束時提出緊急的問題，以占用更多時間，或是給我一些東西讀，比如夢的紀錄，關於寡居的文章，雜誌上的治療文章或是關於佛洛伊德信念的謬誤，並特別強調要我「用自己的時間讀」。整體說來，她不會體諒人，就像她與墨利斯的關係一樣，她在我們的關係中也顯得很粗魯。我知道這些此時此地的事實是需要處理的，所以溫和地探索她是怎麼把她和我的關係搞壞的，幾個月後，有位老先生驚訝地接到她的道歉電話。

不在現場的蜜德莉

蜜德莉在幼時曾受到性侵害，以致於很難和丈夫有身體的親密，婚姻也危在旦夕。每當先生親密地撫摸她時，過去的創傷經驗就會重現。她很難去處理自己與先生的關係，因為這需要她先從過去的經驗裡得到解脫，這是很困難的歷程。

我檢視她和我在此時此地的關係，發現有許多部分和她與先生的關係很類似。在會談中，我常覺得被她忽視，雖然她是個說故事高手，能讓我開心，可是我卻很難「出現」在她面前，也就是說，很難在互相的感覺下與她連結、投入、親近。她隨意漫談，從來不問我的事，對我在會談的一個小時中有什麼感覺一點也不好奇，從來不曾與我產生關聯。我堅持把焦點放在我與她的關係，以及我覺得她不在場、被她關在門外的感覺，蜜德莉逐漸體會到自己對丈夫的疏離，有一天她在會談開始時說：「不知道為什麼，但我最近有個大發現，我和丈夫做愛時，從來就沒有看他的眼睛。」

吞下憤怒的艾伯特

艾伯特要坐一個小時以上的公車才能到達我的辦公室，在他覺得被利用時，常常有恐慌的感覺，他知道自己充滿憤怒，卻不知道如何發洩。有一次會談，他談到和女友令人沮喪的衝突，在他眼中，女友顯然是在愚弄他，他卻不敢與她對質。對我來說，這已是老調重彈，我們已經在許多次會談中花了很多時間討論相同的狀況，我老是覺得幫不上忙。我能感覺到他在會談時的挫折感：他暗示曾和許多朋友談過這件事，他們的說法都和我差不多，而最後都勸他對女友把話說開來，或是和她斷絕關係。我試著幫他把話說出來：

「艾伯特，我想猜猜你在這次會談中的體驗。你坐了一個小時的車子來看我，還付我不少錢，可是我們卻好像在各說各話，你覺得我對你沒什麼幫助，我說的話和你朋友說的差不多，而他們卻是免費的。你一定對我很失望，甚至覺得被我剝削，對我感到生氣。」

他微微一笑，承認我的評估非常正確，我說得很接近。我請他用自己的話重複一次，他不安地說完。我回答知道自己沒有幫到他，覺得不太舒服，可是我很喜歡他直接說出來，彼此率直一點，總比間接傳達看法要好。這段對話對艾伯特確實有用，他對我的感覺就像他對女友的感覺一樣，而表達出來並沒有悲慘的結果，這個經驗對他有很大的啟發。

18 疏通此時此地的問題

此時此地的工作並不是完全不能引用過去的事，因爲它可能涵蓋我們與病人產生關係的整個過程。就如沙特所說：「內省總是需要回顧。」

到目前為止，我們已經談過如何找出病人在此時此地的主要問題，可是，完成這一步後，再來要怎麼做呢？如何把此時此地的觀察運用到治療中呢？

例一

回到我先前描述的景象（第十六章）——壞掉的彈簧扣，以及每週努力想關好它，總是為了無法關緊門而道歉的病人。

「南西，我無法了解你爲什麼向我道歉。門壞了，我又拖拖拉拉沒修好，好像是你的錯似的。」

「你說得對，我知道這一點，可是我老是這麼做。」

「你覺得是爲什麼呢？」

「我想是因爲我覺得你很重要，治療對我也很重要，我不希望對你有任何冒犯。」

「南西，你猜每當你道歉時，我有什麼感覺。」

「可能惹惱了你。」

「我無法否認，可是你回答得太快了，好像這對你是很熟悉的經驗。以前有過同樣的事嗎？」

「我以前聽別人說過好幾次，老實說，這種情形快把我老公逼瘋了。我知道我激怒了很多人，可是我還是一直這麼做。」

「所以在道歉和禮貌之外，你激怒了別人。此外，即使你知道，卻還是停不下來，你一定有某種收穫才會這樣做。我很想知道是什麼收穫。」

那次和接下來幾次會談，我們得到許多成效，特別是關於她對每個人生氣的部分——她的丈夫、父母、子女還有我。她對生活習慣非常講究，對壞掉的門感到非常焦躁，不只是門，她也受不了我凌亂的書桌上堆滿了一疊又一疊的書，她還說到對我治療得這麼慢，很不耐煩。

例二

路易絲接受治療已好幾個月，對我非常不滿——辦公室的傢具，不搭調的顏色，亂七八糟的書桌，我的穿著，以及不夠正式、完整的帳單。她告訴我最近的戀情：

「雖然不情願，可是我不得不承認我最近做得比較好。」

「你說『不情願』時嚇了我一跳，爲什麼『不情願』？好像你很難對我和我們的治療說點正向的話。你覺得是爲什麼？」

沒有回答，路易絲靜靜地搖著頭。

「想想看，路易絲，想到任何事都好。」

「你的尾巴會翹起來，這樣不好。」

「繼續説。」

「你會贏，而我會輸。」

「贏和輸？我們是在打仗嗎？是關於什麼的戰爭？戰爭背後的原因是什麼？」

「不知道，好像我有一部分老是在打仗，總是嘲笑別人，找出別人的缺點，看他們出糗。」

「對我呢？我想到你老是愛批評我的辦公室，還有那條小路，你老是提到路上的泥濘，卻從不談盛開的花朵。」

「我對男友也總是這樣——他送我禮物時，我總忍不住怪他沒有好好包裝。上禮拜他爲我烤了一條麵包，我卻爲了烤焦的一角而嘲笑他。」

「你總是讓這部分的你説話，卻不讓另一部分的你發言，另外這個部分感激他爲你烤麵包，喜歡我也肯定我。路易絲，回到起頭的部分——你説『不情願』承認你最近比較好，告訴我，如果你讓正向的你自由，直接説出來，而不要加上『不情願』的話，像是什麼情形？」

「我看到鯊魚在四周環繞。」

「只要想我就好了，你想像是什麼情形？」

「親你的嘴唇。」

之後數次會談，我們探討她的各種恐懼，對親近的渴望，想要太多、總是覺得不夠、永不滿足的渴望，對父親的愛的恐懼，以及害怕如果我真的知道她對我有很多期望的話，我就會奪門而出。在這個例子中，我引用許多發生在過去治療時發生的事，此時此地的工作並不是完全不能引用過去的事，因為它可能涵蓋我們與病人產生關係的整個過程的任何事情。就如沙特所說：「內省總是需要回顧。」

19 此時此地能活化治療

此時此地的團體充滿活力，成員是投入的，而且被人詢問時，他們總是認爲當團體的焦點放在過程時，整個團體就變得非常活潑。

處理此時此地總是比處理較抽象或過去的焦點，更令人感到興奮，這種情形在團體治療中尤其明顯。我們以一個團體工作的歷史事件為例。一九四六年，康乃迪克州主辦一個處理工作場所中種族造成緊張的研討會，由著名的心理學家勒溫（Kurt Lewin, 1890-1947）帶領小團體，還有一組社會心理學家參與討論團體成員提出「回家以後」的問題。團體領導者和觀察者（不包括團體成員）每天晚上進行團體之後的會議，不只討論團體進行的內容，也討論其「過程」（注意：內容是指表達出來的觀念和使用的字句，「過程」則是指表達字句與觀念的人彼此之間的關係是什麼性質）。

工作人員在夜間開會的消息傳了出去，兩天後，團體成員也要求參加，幾經考慮後（因為這種做法是以前沒有嘗試過的），終於得到准許，團體成員可以在領導者和研究者討論時，在一旁觀察。

這個歷史性的會議發現了此時此地的重要性，被寫成好幾篇報告。大家一致同意這次會議的結果令人振奮，成員對於親自聽到別人討論他們和他們的行為，都十分著迷，無法保持沉默，忍不住插嘴說「不，我不是這麼說的」，或「我是這樣說的」，「我的意思是……」。社會科學家知道自己碰巧發現一個教育的原理（對治療亦然）：要認識自己和自己的行為，最好是透過參與互動，再加上參與對此互動的觀察與分析。

團體治療中，一個團體是討論成員「回家以後」的問題，另一個團體參與的是此時此地（也就是討論他們自己的過程），兩者的差別顯而易見。此時此地的團體是充滿活力的，成員是投入的，而且被人詢問時（不論是透過訪談或是研究方法），他們總是認為當團體的焦點放在過程時，整個團體就變得非常活潑。

幾十年來，在緬因州貝瑟鎮每年一直舉辦為期兩週的團體實驗，這個實驗很快顯現出團體過程的力量和迷人之處（探討團體過程的團體最早稱為敏感度訓練團體（也就是人際敏感度），後來稱為訓練團體（T團體），再後來又稱為「會心團體」（羅傑斯的用語」），就成員的興趣和熱忱而言，這個團體很快就把實驗中的其他團體比了下去（例如，理論團體、應用團體、問題解決團體）。事實上，常有人說訓練團體「把其餘的實驗都吃掉了」。大家都想與他人互動，因為給予和接受直接的回饋而興奮，渴望知道別人怎麼看他們，想要摒棄面具，與人親密。

許多年前，我想要在急性住院病房中發展更有效的短期治療團體模式，我走訪全國許多在醫院裡的團體，卻發現每一個團體都成效不彰，原因也都一樣。每個團體聚集時都用「輪流」或「報到」的方式，要成員依次討論某個彼時彼地的事件，例如幻覺的經驗，或是以前的自殺傾向，再不就是住院的原因，而其他成員則靜靜地聽，常常漠不關心。我後來為住院病人團體治療規畫出針對急性混亂病人此時此地的做法，我相信這大幅提高了成員的參與度。

同樣的觀察也適用於個別治療，每當把焦點放在治療師和病人的關係時，治療總是充滿活力。在《日漸親近》一書中，描述到我和病人各自寫下治療摘要的實驗，每當我們閱讀並討論彼此的觀察紀錄時（也就是每當我們把重點放在此時此地時），接下來的會談就會變得活力十足。

20 把你自己的感受當成資料

如果在會談中，你覺得厭煩、惱怒、困惑、性欲被挑起，或是被病人關在外面，就要將之視爲重要的資料。

治療師在治療中的主要任務就是注意自己當下的感受，它們代表珍貴的資料。如果在會談中，你覺得厭煩、惱怒、困惑、性欲被挑起，或是被病人關在門外，就要將之視為重要的資料。這就是為什麼我那麼強調治療師自己要接受治療的原因，如果你發展出對自己的深刻認識，排除大部分盲點，有足夠的病人體驗，就會知道感到厭煩或困惑時，有多少是出於自己的，又有多少是病人引起的。這種區分非常重要，因為如果病人在會談時引起你的厭煩，我們就有信心假定他在其他場合也會使人厭煩。

所以，與其因為厭煩而氣餒，不如歡迎它，將之轉為治療的助力。它是什麼時候開始的？病人到底做了什麼而使你厭煩？當我感到厭煩時，可能會說如下的話：

「瑪莉，我想告訴你一件事。剛才那幾分鐘，我發現自己與你沒有連結，有點疏遠。我不確定是爲什麼，可是我知道現在的感覺和會談剛開始或上次會談時不一樣，你今天一開始談到覺得沒有從我這兒得到你想要的，而上次你比較能說出內心的話。我很想知道你今天與我連結的程度，你的感覺與我相似嗎？讓我們一起看看是怎麼回事。」

幾年前我為馬汀治療，他是個成功的商人，有一次預定會談的時間和出差的時間撞期，他要求改在當週的另一天會談，可是我排不出時間，除非更動其他病人的時間，於是告訴馬汀我們必須跳過一次，等下一週原訂的時間再會談。可是後來我想到這件事時，卻領悟到我對其他病人都會毫不猶豫地重新安排時間。

我為什麼無法為馬汀這麼做呢？因為我並不想看到他，他的心胸狹窄，使我不勝其擾，他不斷批評我，批評辦公室的傢俱、不易停車、我的祕書、會談的費用，而且通常在會談開始時，就提出我在上次會談時的錯誤。

我對馬汀的厭煩有莫大的意含。他開始接受治療是因為一連串與異性的失敗關係，他認為每一個女人給他的回報都不夠，沒有人樂意平分餐館或雜貨帳單，送他的生日禮物也比他送對方的還要便宜（提醒你，他的收入是對方的好幾倍）。每當他們一起出外旅行時，他總是堅持各自拿出等量的現金，放在「旅行罐」中，所有旅行的開銷都取自旅行罐中的現金，包括油錢、停車費、修車費、小費，連報紙也不放過。他甚至常常抱怨女友不分擔一半的駕車、計畫旅行或找地圖的工作。馬汀的小氣，堅持絕對的公平，以及永無休止的批評，終於把生命中的女性趕跑了。他也是這麼對待我！這是自我實現預言的好例子——他如此擔心被人忽視，而他的行為正帶來這種結果。對這種過程的體認，使我得以避免對他反擊（也就是不將之視為人身攻擊），並了解這是他不斷重複的模式，他內心深處其實是想要改變的。

21 謹慎表達此時此地的意見

要針對厭煩而回饋時，我會避免對病人說到「厭煩」的字眼，這並不是有建設性的話，聽起來好像是一種指責，很可能會引發對方的情緒。

針對此時此地發表意見是治療關係獨特的一面。在人與人的相處中，很少有什麼情形是可以針對別人當下的行為發表評論的，更不會有人鼓勵這麼做。會心團體的經驗之所以如此吸引人就在於此，這是令人覺得解放，甚至振奮的經驗，但也是很冒險的，因為我們並不習慣給予和接受回饋。

治療師必須學習以病人覺得溫和與可接受的方式，來表達他們的看法。以上一章的例子而言，要針對厭煩而回饋時，我會避免對病人說到「厭煩」的字眼，這並不是有建設性的話，聽起來好像是一種指責，很可能會引發對方的情緒，比如：「我可不是付錢來找罵挨的。」

最好是使用「疏離」、「關閉」、「沒有連結」之類的話，這些話表明你想要更接近、更多連結、更加參與，而病人很少會為此生氣。換句話說，要討論你有什麼感受，而不是討論病人的所做所為。

22 此時此地的每一件事都有運用的價值

此時此地所發生的每一件事，都可以在治療中運用。

此時此地所發生的每一件事，都可以在治療中運用。有時最好能在當下提出評論，有時則最好單純地記住所發生的事，之後再提出來。例如，假設一位病人痛苦地流淚，這時最好記住此時此地的疑問，在其他時候談到這件事時，才討論其影響：「湯姆，我想回頭談上週的事，那時發生一件不尋常的事。你信賴我而表達更多的感受，頭一次在我面前痛哭。告訴我，對你來說，那是什麼樣的經驗？能在這裡放下心理障礙，讓我看見你的眼淚，你覺得怎麼樣呢？」

要記住，病人並不只是自己在哭或是表露感覺，他們是在你面前這麼做，這種此時此地的探索可以讓人領悟表達感受的意義是什麼。

再舉個例子，有位病人在會談時覺得非常感動，不尋常地在結束時要求擁抱，如果我覺得應該這麼做的話，就會擁抱病人，但一定會在某個時候（通常是下次會談時），回頭來談擁抱的要求。請記住，有效的治療包含交替的過程，在引發與體驗情感之後，就可以分析並整合情感。要等多久才能開始分析情感的事件，在於治療師的臨床經驗。當涉及很深的感受時（痛苦、悲傷、憤怒、愛），最好能等到感受平靜下來，防衛的狀態減輕以後再談（參考第四十章「莫趁熱打鐵」）。

珍是一位容易生氣、非常沮喪的女性，經過幾個月之後，才對我有足夠的信任，而把深沉的絕望表現出來，一次又一次，我非常感動而想安慰她，可是我都失敗了，每當我試圖安慰她時就好像被反咬了一口。由於她非常敏感，很容易覺得被人批評，所以我等了好幾個星期才分享這項觀察。

每件事都可以運用，特別是情緒強烈的事件。治療中會有許多突發的事件或反應，治療師可能收到病人憤怒的信件或電話；可能無法提供病人想要的安慰；可能被視為全知全能的人，從來沒有受到質疑；或是一直被病人挑戰，他們可能遲到、填錯帳單，甚至把兩個病人安排在同一個時段。雖然這些經驗會讓我感到不安，但我還是相信，如果適當地提出這些事，都能對治療工作有某些好處。

23 每次會談都核對此時此地的狀況

我總是這麼說：「我們花一分鐘來看看你和我今天做得怎麼樣。」
或是：「你對我們的處理方式和關係有什麼感受？」

我在每次會談中都會詢問此時此地的情形，即使是很有收穫、沒有問題的會談，也是如此。會談快結束時，我總是這麼說：「我們花一分鐘來看看你和我今天做得怎麼樣。」或是：「你對我們的處理方式和關係有什麼感受？」或是：「結束前，可以看一看我們之間發生了什麼事嗎？」如果我察覺到有困難之處，可能會這麼說：「結束前，我想核對一下彼此今天的關係。你談話時，有時和我距離很遠，有時又非常親近。今天覺得怎麼樣呢？今天在我們之間的距離有多遠？」根據對方的回答，我可能會繼續探討任何關係上的障礙，或是針對我而未明說的感覺。

甚至在第一次會談，還沒有花許多時間建立關係時，我就以這種模式開始。事實上，在早期的會談就開始設定準則是非常重要的。第一次會談，我一定會詢問病人為什麼選擇我，如果他們是由某個我的同事或朋友轉介來的，我要知道同事和朋友怎麼對病人說我，他們的期望是什麼，他們在第一次會談中的經驗是否符合那些期望。我通常會這麼說：「第一次會談是一種雙向的面談，不但是我面談你，也是你衡量我的機會，你會評估接受我的治療是什麼情形。」我的說法非常合理，病人通常會表示贊同。然後我會接著說：「能不能讓我們看看到目前為止，你有什麼想法？」

許多病人是看了我寫的書而來找我治療，這也是此時此地可以詢問的部分。「這本書中有什麼特別的部分，使你想來找我？我的實際情形是否符合那些期望？你對治療師身兼作家有什麼看法？關於此，你會想問我什麼問題？」

自從多年前我在《愛情劊子手》一書寫下病人的故事，我就假定新的病人可能會擔心被寫到書裡，所以我會向病人再三保證守密的原則，並擔保我不曾在得到病人允許前就寫出他們的故事，即使寫了也一定會隱藏病人的真實身分，可是一段時間以後，我卻發現病人所關心的與我所想的非常不一樣，一般說來，他們比較不在乎是否被寫到書中，卻比較在乎自己是不是不夠有趣，才沒有入選為書中的故事。

24 你對我說過什麼謊？

大體說來，靈敏耳朵的策略很簡單，就是掃描會談中所有帶有此時此地意含的材料，只要有可能，就找機會檢視治療關係。

治療過程中，病人可能會談到生活中欺騙的例子，在某件事中隱瞞或是扭曲關於自己的資料。運用此時此地靈敏的耳朵，我發現這是詢問他們在治療過程中對我說過什麼謊話的絕佳機會。或是怕丟臉，或是希望我看重他們，總是會有一些資料被隱瞞而不告訴我。這種討論幾乎都能在治療中引發豐富的討論，多半是回顧治療的關係，這不只能調整彼此的關係，也常能重新處理之前在治療中出現的其他重要主題。

大體說來，靈敏耳朵的策略很簡單，就是掃描會談中所有帶有此時此地意含的材料，只要有可能，就找機會檢視治療關係。

25 空白螢幕？算了吧

「治療師要像空白螢幕」這種觀念已經過時了，更好的方式是藉著了解過去來領會當前治療師與病人間的關係，可是，這種兩方式都不值得犧牲心理治療中人與人眞誠的相會。

最早關於治療師—病人關係的理想模式，就是已經落伍的「空白螢幕」的說法，根據這種說法，治療師必須保持中立，多少要表現得沒有個人特色，以期病人能把主要的扭曲移情關係投射到這空白螢幕上（所謂移情關係就是生動地表現出早期的親子關係），一旦能分析移情關係，治療師就能更準確地重建病人的早期生活。如果治療師表現出自己的特色，就比較難產生投射。

可是，忘了「空白螢幕」的說法吧！這從來就不是有效治療的良好模式。以當前失真的扭曲來重建過去，治療師好像考古學家耐心刮除陳積多年的塵土，以了解並消除原初的創傷——這種觀念已經過時了。更好的模式是藉著了解過去來領會當前治療師與病人間的關係，可是，這兩種方式都不值得犧牲心理治療中人與人真誠的相會。

佛洛伊德本人有沒有遵循空白螢幕的模式呢？常常沒有。從他的治療紀錄（例如《歇斯底里症研究》〔*Studies in Hysteria*〕中關於治療的描述）或接受他精神分析者的描述，就可以得知。

佛洛伊德會在做出銳利中肯的詮釋後，給病人一支「慶功」或「勝利」的雪茄。他會阻止病人匆匆處理其他主題，要他們慢下來與他一起沉浸在充滿啟示的洞見中。精神科醫師洛伊·葛林克（Roy Grinker）曾告訴我，有一次他在接受佛洛伊德分析時，佛洛伊德的狗（牠向來都參加治療）在會談中走到門旁，佛洛伊德起身開門，讓狗出去，幾分鐘之後，狗抓門想進來，佛洛伊德再起身開門，並說：「你瞧，牠無法忍受聽那些抗拒的廢話，現在牠回來是要再給你一次機會。」

《歇斯底里症研究》的案例中，佛洛伊德大膽介入病人的生活，向病人提出強烈的建議，代表病人與家屬交涉，設法參加社交場合以便在其他背景看看他的病人，還指示病人到墓園，在過世手足的墓碑前沉思。

早期的空白螢幕模式在一九五〇年代突然受到強化，那時羅傑斯的非指導式治療模式教導治療師盡量不要提供指導，把治療師的介入侷限在重複病人的最後一句話。當羅傑斯成為成熟的治療師後，很快就放棄這種以「重複最後一句話」做為治療技巧的不涉入態度，代之以更人性化的互動作風。可是，直到晚年，關於非指導式取向的玩笑、諷刺和誤解，還是一直圍繞著他。

這種情形在團體治療中更加明顯，團體治療師的任務之一就是要展現逐漸被成員當作榜樣的行為。在個別治療中也是如此，只是比較不明顯。關於心理治療結果的文獻也強烈支持這個觀點——治療師透露自己的事，會使得病人也透露自己的事。

長久以來，我一直對治療師的透明度很感興趣，也以各種不同的方式研究自我坦露。我的興趣可能是源於團體治療的經驗，在團體治療中特別需要治療師坦率地表露自我（所謂「透明」）。團體治療師有一套特別複雜的任務，因為他們不只要照顧每一個成員的需要，還要創造並維持環繞這個小團體的社交系統，所以必須要注意準則的發展，特別是自我坦露的準則，這是小團體經驗能否成功的必要條件。治療師建立行為準則的最有效方法，就是自己做榜樣。

我個人關於治療師自我坦露的實驗，很多是源於學生觀察治療團體所做的反應。心理治療的訓練計畫很少提供學生觀察個別心理治療的機會，因為治療師堅持在個別治療的過程中，隱私和親密是不可或缺的。不過幾乎每一個團體訓練計畫，或是透過單面鏡，或是透過錄影帶，都提供觀察團體的機會。當然了，團體治療師必須先得到成員的同意，而成員通常也會不太情願地同意。典型的情形下，成員會埋怨有觀察者，常說覺得自己好像是「被實驗的白老鼠」，質疑治療師是為成員好，還是為學生觀察者好，也會對觀察者在會後與治療師的討論感到好奇。

為了排除團體觀察的缺點，我要求成員和學生在每次團體會談後交換房間，成員移到觀察室，觀察學生和我的討論。由於在下次會談時，團體成員對於觀察團體後的討論會有強烈的反應，於是我改成請成員在同一個房間觀察我們的討論，並回應學生的觀察，成員可以立刻給學生回饋，不只是針對學生的觀察內容，還包括成員自己的團體過程，例如他們對領導者過於順從，或是比平時的治療團體更謹慎、不自然、煩躁不安等。

我在急性住院病人每日一次的團體中，也用完全相同的方式，把團體治療分成三部分：(1)一小時的病人會談；(2)十分鐘的「玻璃魚缸」會談（領導者和觀察者坐在內圈討論，成員坐在外圍觀察）；(3)最後十分鐘由成員回應觀察者的評論。研究顯示大部分成員認為最後二十分鐘是團體最有收穫的部分。

還有一種顯示個人透明度的方式，我照慣例會在會後憑印象寫下門診病人團體治療的詳細摘要，在下次團體之前寄給成員，這個技巧源於我在一九七〇年代帶領酗酒病人團體時的做法。那時所有為酗酒病人進行的動力團體治療都成效不彰，以致於大多數諮商師都認為最好把酗酒病人的團體治療留給無名戒酒會（Alcoholic Anonymous，簡稱AA）來處理，我決定再試一次，並使用特別強調此時此地的方式，把焦點從酒癮轉到喝酒背後的人際問題（但這些成員也必須參加AA或是其他控制飲酒的課程）。

把重點放在此時此地，結果激發了團體，會談的效果令人震驚，強烈得令人不敢相信！成員被引發出極度的焦慮，這些人原本就像大多數酒癮患者一樣，除了借酒澆愁以外，很難以別的方式來承受焦慮，許多成員在會談後就急著找酒喝，並宣稱：「如果每次會談都像這次一樣的話，我一定會在回家的路上就醉倒在酒吧裡。」

既然此時此地方式的會談能正中目標，並處理每個成員的相關問題，於是我發展出幾個方法，以減輕會談的威脅感和焦慮，我運用了一系列的技巧。

首先，把每次會談中此時此地的議題寫在黑板上，內容如下：

- 促使約翰和瑪麗能繼續檢視彼此的差異，並以較不具威脅和傷害的方式來處理彼此的關係。
- 幫助保羅要求團體撥出時間來討論他的問題。

其次，我們為會談錄影，並播放經過挑選的某些部分。

第三，在每次會談後，我寫下會談摘要，寄給成員。摘要不只敘述會談的內容，也包括自我坦露的部分，寫出我在會談中的經驗——我的困惑，我因為自己某些貢獻而有的快樂，因為犯錯而有的懊惱，我忽略掉的議題，或是我覺得受到忽視的成員。

在這些方法當中，最有效的就是每週的摘要。自此以後，我就固定在下次聚集前，針對每週一次的團體紀錄，把詳細的摘要寄給成員（如果有協同治療師的話，我們就輪流負責寫摘要）。摘要有許多好處，例如，把團體拉回上次會談的主題可以增加治療工作的延續性，不過我在此處提及摘要，是因為它是治療師自我坦露的工具。

「多重治療」（multiple therapy）是另一種基於自我坦露而有的教學方式，我用了許多年。方式是由兩位指導者和五位學生（精神科住院醫師）與一位病人連續會談六次，但焦點不只是放在病人身上，還必須檢視團體的過程，包括的主題有學生提問題的風格，學生彼此間以及學生與指導者的關係，團體中競爭性或同理心的程度。從今日健康照護的財務困難來看，多重治療顯然是沒有經濟效益的，但從教學設計來看，卻顯示出治療師個人的自我坦露有好幾種效果——是病人的好榜樣，並鼓勵病人自我坦露；可以加速治療的過程；治療師願意談個人的事，顯示出他對治療過程的尊重。

請大家回想我和金妮這位病人的實驗（第六章），彼此閱讀對方在每次會談後憑印象所寫的摘要。這種方式也是對治療師透明度極具挑戰性的做法，由於金妮把我過於理想化，當偶像一樣崇拜，以致於我們之間不可能有真實的相會，所以我刻意在紀錄中展現身為人的真正感受和經驗，我的挫折、惱怒、失眠、空虛。在我專業生涯早期進行的這個練習，不但促進了當時的治療，也使我在日後的治療工作中得到極大的解放，勇於做各種嘗試。

費倫齊在治療師的透明度上做過一個大膽的實驗，一直令我目眩神迷。他是匈牙利精神分析師，佛洛伊德精神分析圈的核心成員，可能也是佛洛伊德在專業和私生活中最親密的知交。佛洛伊德一直思索如何運用精神分析來了解文化的問題，他基本上對治療抱持悲觀的態度，很少花心思在如何改善治療技巧。在核心圈子裡的精神分析師，只有費倫齊一直大膽尋找創新的技巧。

他在臨床日記中記錄了一次最大膽的做法。在一九三二年最徹底的透明度實驗，藉著「互相分析」，把治療師的自我坦露推到極點，他的做法是和一位病人（曾由他分析過幾次的女性精神分析師）輪流分析對方。

費倫齊因為兩個主要原因而氣餒，最後放棄這個實驗：⑴守密的問題。在自由聯想中，他必須說出所有閃過的念頭，包括其他接受他治療的病人的隱私；⑵費用。費倫齊對誰該付費給誰感到困擾。

但他的病人並不感到氣餒，她覺得這個方法可以加速治療，並認為費倫齊不願繼續實驗，是因為不敢承認他愛上了她。費倫齊的看法完全相反，他說真正的理由是不願說出自己痛恨她的事實。

費倫齊對自己試圖坦露自我的負面反應，似乎是他獨斷獨行的陳年往事。我的小說《診療椅上的謊言》企圖在現代治療中重複他的實驗，書中的主角是一位精神科醫師，他決心要對一位病人完全透明，而這位病人剛好一心要欺騙他。我在這本小說中的主要企圖之一，就是要肯定即使在最惡劣的情況下（也就是臨床會談的對象是詭計多端的假病人），治療師的真誠最終還是可以拯救病人。

26 治療師的三種自我坦露

治療師的自我坦露有很多種，有些可以促進治療，有些卻有問題，可能造成不良的後果。

如果治療師保持令人難以了解的形像，在病人面前隱藏自己的話，會造成不良的後果。有太多理由支持治療師向病人坦露自己，卻完全沒有隱藏自己的好理由。可是每當我開始向治療師談這個主題時，就發現許多的不安，部分是出於對自我坦露這個用語的誤解。治療師的自我坦露有很多種，並不是單一性質的表現，而是包括好幾種行為，有些可以促進治療，有些卻有問題，可能造成不良的後果。把治療師的自我坦露分成三個範疇來談，或許能加以釐清：⑴治療的機轉；⑵此時此地的感受；⑶治療師的私人生活。將在以下四章分別加以詳談。

27 治療的機轉——透明

人在不熟悉的社交情境，又缺少適當行爲或如何參與的指導時，本來就會產生焦慮。所以，聰明的做法就是有系統地告知病人心理治療的過程。

杜思妥也夫斯基所著《卡拉馬助夫兄弟們》一書中的大法官，宣稱人類總是想要「魔力、神祕和權威」。縱觀歷史，療癒者一直了解這一點，並以祕密的帷幕遮掩療癒的方法。巫術的訓練和方法一直隱藏在神祕中，而幾世紀以來，西方世界的醫師卻以特殊的裝備引發人的敬畏，使安慰劑效應發揮到極致——白袍、牆上掛滿代表威望的證書、以拉丁文書寫處方。

我在這本書中對療癒的過程提出恰恰相反的觀點。要與病人建立真誠的關係，在本質上，我們就需要放棄魔力、神祕、權威這三位一體的力量。心理治療本身是如此的豐富，可以藉著徹底揭開治療的過程和原理而獲益良多。許多可信的心理治療研究顯示，治療師應該詳細告知新病人心理治療的種種：它的基本假設、原理，以及案主可以怎麼樣得到最大的進展。

病人原本已經背負太多焦慮，才會來接受治療，沒道理再把他們丟進造成更多焦慮的過程——人在不熟悉的社交情境，又缺少適當行為或如何參與的指導時，本來就會產生焦慮。所以，聰明的做法就是有系統地告知病人心理治療的過程。

在團體治療中，讓新病人做好準備會顯得特別有效，因為互動式的團體情境本來就是令人陌生且害怕的情形。新的團體成員，特別是以前沒有團體經驗的人，常常因為小團體的力量而焦慮，如團體壓力、親密的程度、整體的張力等。提供減輕壓力的架構和說明程序的指示，在團體治療中是絕對必要的。

在個別治療中，為病人做好準備也是必要的。雖然每個人通常都有深厚關係的經驗，但鮮少有人經歷過需要完全信任、說出一切、毫無隱瞞、檢視自己對別人的所有感受，以及沒有批評的接納關係。在頭幾次會談中，我會討論重要而基本的規則，包括守密，說出所有事情的必要，夢的重要以及需要有耐性。我會說明以此時此地為焦點的原理，因為對病人而言，可能會覺得很不尋常。如果新病人提到自己有關係上的困擾（其實這是每一個病人都有的困擾），我可能會這麼說：

顯然我們需要談的問題包括你與他人的關係，可是我很難了解你的問題到底屬於什麼性質，因爲我只能透過你的眼睛來看你生活中的他人，有時候，你可能會在無意中產生偏見。我發現如果把焦點放在一段我能擁有最正確資訊的關係上，也就是我與你之間的關係，會對你更有益。所以，以後我會常常要求你檢視我們之間發生了什麼事。

簡單地說，我認為要徹底說明治療的機轉。

28 說出此時此地的感受需要小心斟酌

如果你覺得病人顯現了人與人之間可能有的任何一種行爲，這就是有用的資料，然後你必須找出方法，把這種資料轉成治療的助力。

在與病人的真誠關係中，坦露你在當下對病人的感受是非常重要的。可是在此時此地的坦露並不是任意而為、不加區別的；也不是為了透明而透明。所有意見必須通過一項考驗：坦露這件事對病人是最有益的嗎？我會在本書中一再強調，最有用的資料來源就是你自己的感受，如果在一小時的會談中，如果你覺得病人冷淡、害羞、調情、輕蔑、害怕、苛求、幼稚或是顯現了人與人之間可能有的任何一種行為，就是有用的資料，然後你必須找出方法，把這種資料轉成治療的助力，比如在之前敘述的例子中，我覺得被病人關在門外，或是覺得更加親近、關係更密，或是對因為移動面紙盒而不斷道歉的人感到惱怒。

臨床實例一

一位病人常常談到生活中造成問題的事件，卻很少告訴我後續的發展，我常常覺得被他關在門外，並因此感到好奇。例如，我想知道他向老闆要求加薪的結果；當他拒絕借錢給朋友時，對方有什麼反應；他計畫邀約前女友的室友，是否真的進行了。也許我的好奇像是在探人隱私，只是因為我想知道故事的結局，可是我覺得我的反應也包括了和病人有關的重要資訊。難道他從來沒有設身處地為我想一想嗎？他不認為我對他的生活有任何好奇嗎？也許他覺得自己在我心中毫無分量，也許他認為我只是一台沒有個人欲望和好奇的機器。

最後我和他討論我的所有感受（和猜測），我的坦率導致他承認自己寧願我不是個真實的人，免得因為發現我的缺點而喪失對我的信任。

臨床實例二

有位病人在所有個人和商業中的互動老是有不正常和丟臉的感覺，在治療的此時此地，他總是責怪自己在我們的關係中有不真誠的行為，而一直內疚。他痛恨自己試圖讓我注意他的聰明才智的模樣，例如他很喜愛語言，雖然英語不是他的母語，他卻能掌握很多細膩的語言，他承認自己常常在會談前查字典，以便與我討論時使用一些艱深的字，我對他的自責感到氣餒，因為我是共犯，我一直很喜歡他的慧黠談吐，無疑鼓勵了他的行為。我和他分享我的想法，然後堅定地對他、也對我自己說：「可是我不接受這種看法，畢竟，這有什麼不對呢？我們在一起好好處理問題時，享受一下共謀的知性遊戲，有什麼害處呢？」

彼得・洛馬士（Peter Lomas）是一位很棒的治療師，他談到自己與一位病人的互動。這位病人從會談開始就擺出自己的獨特風格，以退縮、絕望的態度來談自己的寂寞。

治療師：「你不覺得我可能也寂寞嗎？我和你坐在這個房間裡，你卻坐得離我遠遠的，你沒發現我不想要這樣，而想要更了解你嗎？」

病人：「怎麼可能？我不相信。你自己就很滿足了，並不需要我。」

治療師：「是什麼讓你認爲我自己就很滿足？我爲什麼和你不一樣？我就像你一樣需要別人，而我需要你不再離我遠遠的。」

病人：「我能給你什麼呢？我實在無法想像。我覺得自己一無是處，我一生根本就一事無成。」

治療師：「可是我們喜歡一個人不只是因爲他的成就，而是因爲他是什麼樣的人，你不是這樣嗎？」

病人：「沒錯，我也是這樣。」

治療師：「那你爲什麼不相信別人會因爲你是什麼樣的人而喜歡你呢？」

治療師說這次互動大幅拉近兩人之間的距離，病人在會談結束時說「世道艱難」，意思並不是傳達「我很可憐、不快樂」的感覺，而是在說「對你和我，還有其他住在世上的人來說，這是個辛苦的世界，不是嗎」。

29 謹慎說出治療師的私人生活

我還不曾有過因坦露太多而造成不良影響的經驗，相反地，每當我分享自己的生活時，總是會促進治療的效果。

治療機轉和此時此刻這兩種自我坦露好像比較簡單可行，不會造成問題，可是第三種自我坦露——關於治療師的私人生活，就有相當大的爭議。

如果把治療師的坦露分成不同等級（比如分為〇到十分），我必然是屬於最高一級（十分），可是我還不曾有過因坦露太多而造成不良影響的經驗，相反地，每當我分享自己的生活時，總是會促進治療的效果。

多年前，我母親過世，我飛到華盛頓參加葬禮，和妹妹共處了幾天。當時我正帶領一個門診病人團體，協同治療師是一位年輕的精神科住院醫師，他不確定該怎麼做，只是簡單地告知成員，我因為家人過世會缺席一次。團體聚集因為研究和教學的需要而有錄影，我回來後，看了錄影帶的內容，是一次豐富、非常有活力的聚集。

下次聚集該做什麼呢？因為我相信隱藏母親的死亡而不談，對團體過程是有害的，於是決定完全透明，成員問任何事我都毫不保留。如果團體刻意避談某個重大的議題，就無法有效地討論其他的議題，這是團體的定律。

團體一開始，我就告訴大家我的母親過世，我會回答所有問題。有些人想知道死亡和葬禮的細節，有些人詢問我如何處理，還有人問到我和母親及妹妹的關係，我一五一十回答所有問題。比如說到我和母親的關係不好，她容易生氣，我選擇住在加州，部分原因是為了和母親保持五千公里的距離，她就像一頭兇猛的惡龍，但年紀大了以後，毒牙掉落，在最後幾年裡，我們的關係變得很親近，我也成了盡職的兒子。成員最後問我，大家可以為我做什麼事，我回答不需要，因為我已經和朋友與家人討論了許多，足以處理母親死亡對我的影響。最後，我說我相信自己在團體中，已有能量可以有效地工作，於是團體回到原有的主題，並有一次非常豐富的聚會。

之後數年，我以這次聚會的錄影帶教導團體過程。我深信自己的坦誠不只移除潛在的團體障礙，自我坦露的榜樣更促使成員釋放自己。

還有一個例子，就是我在《媽媽和生命的意義》一書中提到的故事，談到了類似的例子。就在我要與一位喪親的病人會談之前，接到一通電話，得知小舅子的死訊，由於我的病人是一位面臨危機的外科醫師（她的丈夫和父親雙雙過世），而我算一算時間，在趕赴機場之前，還來得及與她會談，不需要取消約診。我在會談一開始，就告訴她發生了什麼事，並讓她知道我還是決定與她談完才離開。

她勃然大怒，痛斥我以為自己的不幸可以與她的相比，她接著說：「讓我告訴你，如果我可以到手術房為病人開刀，那你就該他媽的可以和我會談。」這件事對治療非常有幫助——我說自己的事，使她能表露出自己因哀傷而來的盛怒，為治療開啟了嶄新而豐富的階段。

很久以前，有位同仁治療一位孩子死於癌症的病人，長期的治療雖然有幫助，但不完全成功。這位同仁在二十年前也失去一個小孩，他選擇不與病人分享這件事。多年後，這位病人再度找他繼續治療。這位治療師心裡一直縈繞著失去的孩子，花了許多年寫下關於自己孩子死亡的文章，這回他決定把文章給病人看，他不曾如此向病人坦露自己的事，結果證明對治療非常有幫助。

如果病人想知道我是否已婚，有沒有小孩，喜不喜歡某一部電影，愛不愛讀某一本書，或是在某些社交場合與病人相遇是否覺得尷尬，我都會直接回答。為什麼不呢？有什麼關係呢？一個人在保持莫測高深的樣子時，怎麼可能與別人有真實的相會呢？

回頭看那位批評我以高級餐廳當辦公室路標，卻不願提及炸玉米片小店的病人（第十六章），我選擇率直地回答：「鮑伯，你說得沒錯！我也可以告訴你在遇到炸玉米片小店時右轉，我為什麼選擇另一種說法呢？因為我寧可與較精緻的餐廳有關聯，如果我說『在炸玉米片小店前轉彎』的話，會覺得不自在。」這有什麼危險呢？我只是承認他已確知的事，可是只有在我坦白以後，我們才可能轉而討論更重要的事，探討他想讓我感到困窘的欲望。

我的意思絕不是說，治療師的自我坦露可以取代病人為什麼產生這種疑問的探索，兩者都需要！有些治療師認為一定要這樣回答病人的疑問：「我樂意回答你的問題，可是我要先知道你為什麼會有這種疑問。」有時我也會用這種方式，但我並不覺得堅持任何特定的順序（你先說，然後我才說），會有什麼特別的好處。如果是新病人，我通常選擇直接示範，坦露自己的事，並將這件事記在心裡，之後再回頭來談。

如果病人很少提出疑問，在他提出問題時，就要視為有利的機會，之後要記得回頭來談。一定要考慮時機是否適當，治療師通常會選擇等到原有的互動結束，甚至到下次會談時，才談到病人提出疑問的意義：「我覺得上次會談時有一件不尋常的事，你問了我一些私人的事。我們回顧一下好嗎？你覺得那樣的對話像什麼？是什麼原因使你能以不同的方式來對待我？你對我的反應有何感受？」

30 如何坦露你的私人生活

雖然病人得到了守密的保證，治療師卻沒有得到這個保證，也不能要求病人保證，他將來可能會找別的治療師，那時他必須能無所顧忌地談任何事。

治療師對自我坦露最深的恐懼之一，就是怕會沒完沒了，一旦開啟了這扇門，病人的要求會愈來愈多，直到審問出治療師最隱私、最尷尬的祕密為止。這種恐懼其實並沒有根據，在我的經驗中，絕大多數病人都會接受我的回答，並不會催逼更多或是不舒服的坦露，而會回到治療的主題，就好像治療團體了解我母親過世一事之後的反應。

可是，仍然有幾點需要注意。請牢記，雖然病人得到守密的保證，治療師卻沒有得到這個保證，也不能要求病人保證，他將來可能會找別的治療師，那時他必須能無所顧忌地談任何事。如果有些事是你非常不想被人知道的，就不要在治療中分享。許多治療師更謹慎，小心避免談到任何與治療背景無關，可能造成誤會或是尷尬的事。

但是，不要讓這層顧慮限制了你的治療工作，過度小心和自我保護，而失去了治療的效用。你不可能防止病人在下一位治療師面前以扭曲的方式描述你，下次聽到病人談論前任治療師的可鄙行為時，請牢記這一點，不要驟下結論，認為那位治療師荒謬或惡毒，最好能傾聽、同理並等待，絕大多數的情形下，病人最終會說出治療師該項行為的背景，你才會發現完全不是原先以為的那回事。

我曾經把一位病人的妻子轉介給某位同仁，他是我的密友，可是幾個月之後，病人要求再轉介給別人，因為我的同仁舉止惡劣。他堅持聞我病人太太的味道，並對她的氣味品頭論足。聞病人的味道？聽起來太奇怪了。出於關心朋友，我盡可能和緩地詢問這件事，他告訴我，這位病人確實有氣味的問題：她習慣擦香水，味道雖然很香，可是太濃太重，瀰漫整個辦公室，以致於其他病人向他抱怨，甚至有人堅持更改約診日期或換辦公室！

有時為了挽救治療，治療師會被迫做出棘手的選擇。有位同仁告訴我，一位接受長期心理治療的病人，因為朋友宣稱和這位治療師有染，來會談時非常苦惱，治療師該怎麼回應呢？這位承諾要對病人誠實的同仁勇敢地告訴病人，他在二十多年前，確實與這位婦人有過一夜情，但從此以後再也沒有接觸。他的坦露對病人造成相當大的衝擊，並激發了接下來的治療，他和病人投入許多以前未曾討論過的重要議題，比如她對其他病人的敵意，她把他們視為爭取治療師注意的競爭者，還有她一直以來都認為自己是沒人要、沒有女人味、缺乏吸引力的人。

還有一個例子。有位接受我督導的治療師是位男同志，但沒有公開自己的性取向，他談到治療第一個月所面臨的難題，有一位男同志病人曾看見他在同志出入的健身房運動，於是直接質問他的性取向。我的學生非常不安，避談這個問題，把重點放在病人為什麼要問這個問題，結果病人取消下次的約診，再也沒有回來接受治療。這一點也不奇怪，重大而無法隱藏的祕密對治療過程是有害的。我所認識的成熟同志治療師，都會對同志病人公開自己的性取向，對於非同性戀的病人，也願意在治療需要時承認自己是同性戀者。

31 治療師的透明度與普遍性

病人會坦露許多治療師也經驗過的感受，分享這種經驗也是治療的一部分。

團體治療中有一個治療的要素，就是普遍性。許多病人在開始接受治療時，都會覺得自己的不幸是獨一無二的，他們相信只有自己才有可怕、不被允許、禁忌、殘酷成性、自私、性變態的想法和幻想。其他成員坦承自己的類似想法，可以使他們獲得安慰，並提供「歡迎成為人類一族」的經驗。

個別治療中，病人會坦露許多治療師也經驗過的感受，分享這種經驗也是治療的一部分。例如，有位病人在拜訪年邁的雙親時，要不了幾個小時就會非常不耐煩，為此而覺得很內疚，我可能會告訴對方，我自己去看母親時，會設定每次不超過三個小時。或是有位病人坦承因為接受了二十小時的治療卻還沒有什麼進步，而感到氣餒時，我會毫不猶豫地告訴他這只是「滄海一粟」，我還接受了幾百個小時的治療呢。再比如病人因為強烈的移情而困惑時，我會告訴他們我自己接受治療時的類似感受。

32 病人會抗拒治療師的坦露

渴望魔力、神祕和權威的人並不喜歡看見治療師表相之下的眞相，他們因爲覺得有個博學全知的人幫助他們，而心得安慰。

早年有許多人認為治療師的自我坦露並不能滿足病人的胃口，反而會使他們要求更多的坦露，事實上，這種說法並不完整，經常會發生相反的情形，病人表明不想知道太多治療師的私人生活。

渴望魔力、神祕和權威的人並不喜歡看見治療師表相之下的真相，他們因為覺得有個博學全知的人幫助他們，而心得安慰。我有許多病人引用〈綠野仙蹤〉的隱喻，描述他們寧可快樂地相信治療師知道回家的路——一條清楚、確定的路，得以脫離痛苦，他們絕不想看到隱藏在幕後的，竟然是個迷失困惑的假法師。有一位在把我「法師化」和

「人性化」兩者間猶豫的病人，談到〈桃樂絲的自白〉（Dorothy Surrenders）這首詩中關於萬能的兩難。

我的飛翔墜落在堪薩斯平原
我回到眞相在黑白分明中廝殺的家，
毛製的拖鞋，格格不入的生活，
空洞的水晶飾品。我嘗試，然而閃爍霓虹燈的夜晚
我在綠色玻璃瓶中尋找綠寶石，
尋找稻草人後面的法師，我看到
那匹色彩斑斕的馬疾馳而過——
我年事漸長，追不上飛奔的牠。
我曾在其中飛翔的狂風，吹走了
我的一切。現在我祈求我曾選擇
將掃帚留給女巫，將布幕放回原處，
拒絕看見聲音後面的人

永遠走在魔幻之路

引導我回眞正的家。

病人希望治療師是全知的，永遠可以依靠，甚至不會朽壞。我有幾位曾遇過許多不可靠男人的女病人，她們害怕看到我的（也是所有男性的）弱點，還有人擔心我會生病，有一位病人（在《媽媽和生命的意義》一書中談了很多關於她的治療過程）在我因為膝蓋手術而拄著拐杖會談時，一直避免看我或問我任何私人的事，我以此詢問時，她解釋道：

「我不希望你說出自己的生活故事。」

「故事？」我問：「我不懂你的意思。」

「我希望你超然於時光之外，故事會有開始、中場和結束——特別是結束。」

她一生中遭遇過好幾次重要男性的死亡，包括她的丈夫、哥哥、父親、乾兒子，所以非常害怕再看到另一次失落。我回答她，如果我們之間沒有人性化的相會，我就幫不了她。我需要她把我看成真實的人，並激她來問我的生活和健康狀況。那天離開我辦公室後，她有個揮之不去的想法：下次就要參加歐文的葬禮了。

33 避免扭曲的療癒

或許有時候我們必須提供「魔力、神祕和權威」。如果必須扮演法師的角色，時間也不能太長，要盡快幫助病人轉移到更眞誠的治療關係。

什麼是扭曲的療癒呢？這是精神分析早年所用的術語，意思是指基於情感轉移而有的療癒——這是病人基於對治療師力量的錯覺，而突然產生不可思議的徹底進步。

一位四十五歲單身、獨居的婦人，在離開我辦公室時，常常洋溢著濃濃的幸福感，每次會談完可以持續好幾天。起初我只能慶幸她長達數月之久的絕望得以紓解，也喜歡聽到她令我暈陶陶的評語——我提供她許多深刻的見解、不凡的先見之明。可是沒多久，她談到在兩次會談之間，是怎麼把我當成神奇的護身符，光是聽到我答錄機上的聲音，就覺得全身充滿勇氣和平靜，我對這種巫術般的力量愈來愈不安。

為什麼？因為我知道我等於是鼓勵她退化，沒有注意到她的進步只是建立在不穩的沙地上，一旦我從她的生活中消失，她的進步就會化為烏有。我也對不真實而虛假的關係本質感到不安，她的症狀愈減輕，我們之間的裂縫就愈大。

最後我提出這件事，解釋她在彼此關係上的經驗，有許多是她自己建構的——也就是說，我並沒有參與其中。我告訴她每一件事。我並不是掛在她胸前的護身符；對於她在治療時的許多頓悟，我並沒有功勞；我雖然喜歡自己對她這麼重要的感覺，可是同時又有欺騙的感覺。那麼她從我這裡得到的神奇協助呢？魔術師是她，並不是我，她才是真正幫助自己的人。

她稍後告訴我，我那段話強而有力，實在殘忍且令她感到迷惑。可是，自從那次會談之後，她改變了，能夠了解自己的進步不是來自我的力量，而是自己內在的某種源頭。此外，她最後還了解我的話並不是排斥她，而是邀請她與我有更親近、更真誠的關係。

或許有時候我們必須提供「魔力、神祕和權威」——在遇到重大危機的時候，那時的優先考量是讓病人安心地接受治療。可是如果必須扮演法師的角色，時間也不能太長，要盡快幫助病人轉移到更真誠的治療關係。

一位病人在剛接受治療時把我理想化，有一夜做了兩個夢。頭一個夢是龍捲風來襲，而我帶領她和別人火速逃離，最後卻走到磚牆擋住的死巷。第二個夢是她和我參加考試，可是兩個人都不知道答案。我很歡迎這種夢，因為它們告訴病人我的極限、我的人性，我和她一樣需要努力解決人生中相同的根本問題。

34 帶領病人走得比自己更遠

如果治療師移除障礙，病人就會自然地成熟，了解自己的潛力，甚至超越幫助他的治療師，達到更高層次的整合。

我常常遇到病人奮力解決的人生課題是同樣困擾我一輩子的問題，我會懷疑自己是否能帶領病人走得比我自己更遠。

關於這一點有兩種不同的看法。較久遠而傳統的精神分析觀點，認為只有徹底被分析過的治療師才能護送病人完全解決問題，如果治療師本身有未解決的問題，就會產生盲點而限制了自己所能提供的幫助。這個觀點現在已較少被人採用。

尼采有一句格言表達出相反的觀點：「有些人無法掙脫自己的鎖鍊，卻能救贖他們的朋友。」荷妮對於自我實現的驅力（無疑是出於尼采的著作）的看法也與之有關——

如果治療師移除障礙，病人就會自然地成熟，了解自己的潛力，甚至超越幫助他的治療師，達到更高層次的整合。我發現這個觀點與我治療病人的經驗相吻合，事實上，病人的改變和勇氣常常讓我瞠乎其後。

在文學世界中也有類似的情形，許多重要的存在哲學家（處理存在本質問題的哲學家）都是非常痛苦的人，比如尼采和叔本華（兩人都是非常孤獨、極度痛苦的靈魂），沙特（酗酒、嗑藥，會利用人，感覺遲鈍），和海德格（他寫下許多關於真誠的文章，卻支持納粹的目標，背叛自己的同事，包括他的老師胡塞爾）。

從早期許多對後人有重大貢獻的心理學家身上，可能也會得到相同的論點。榮格在人際關係上的技巧很差，和許多病人有不當的性關係，許多佛洛伊德核心圈子的成員也是如此，例如鍾斯（Ernest Jones）、蘭克（Otto Rank）和費倫齊。再想想看，所有重要的精神分析中心都有許多爭吵不和的情形，它們的成員都是助人專家，卻同時表現出這麼不成熟、互相攻訐、輕蔑無禮的特徵，以致於不斷分裂，從原有的中心分出各種新的中心，常常彼此仇視對方。

35 從病人那兒得到幫助

也許受傷的療癒者之所以有效，是因為他們更能同理病人的傷口。

「緊急時刻」（Emergency）中有一段劇情，精神分析師凱瑟談到一個故事，一位妻子懇求治療師幫助身為精神科醫師卻深陷憂鬱而想自殺的先生，治療師回答非常願意幫助他，並建議她先生打電話約診，她說問題就在這裡，她先生否認自己有憂鬱症，拒絕所有尋求幫助的建議，治療師很為難，告訴她無法想像怎麼去幫助不願意來看他的人。她說她有個計畫，就是請他假扮成病人向她先生求診，在他們持續會談之後，逐漸找到幫助他的方法。

這一類故事和我的臨床經驗形成了我的小說《當尼采哭泣》的情節，書中尼采和布雷爾同時（在暗中）成為彼此的治療師和病人。

我相信治療師從病人身上得到幫助是司空見慣的事。榮格常常談到受傷的療癒者會有更大的功效，他甚至宣稱當病人為治療師的傷口帶來完美的藥膏時，治療的效果最好，如果治療師沒有改變，病人也不會改變。也許受傷的療癒者之所以有效，是因為他們更能同理病人的傷口；也許是因為在療癒的過程中，有更深入、更個人化的分享。

我自己有難以計數的經驗，是在治療會談開始時，因為本身的事而憂慮，雖然沒有清楚說出自己的內在狀態，卻在治療結束時感覺好多了。我認為幫助有好幾種形式，有時只是我的治療有效所造成的結果，透過技巧和專業的運用來幫助別人，而有較好的感覺。有時是因為從自己裡面跳出來與他人接觸的結果，親密的互動向來都是有益的。

我在團體治療中，特別會遇見這種現象。我常常在團體治療開始時，因為一些私人的問題感到困擾，而在會談結束時覺得減輕了許多。在好的治療團體中的親密療癒氛圍非常具體，當一個人進入這種氣氛就會有好事發生。魯坦（Scott Rutan）是傑出的團體治療師，他把治療團體比喻成在戰爭中搭一座橋樑，雖然在建橋時會有一些傷亡（有人退出團體治療），可是一旦橋建好時，就可以把許多人送往更好的地方。

療癒者的工作有許多附帶的收穫。療癒者常常在暗中從治療中獲益，有時所得到的治療明顯得一目瞭然，即使病人並沒有想要治療療癒者，但治療師背負太大的哀傷，根本無所遁形。最常見的哀傷就是痛失親友，許多病人會想辦法支持喪親的治療師，就好像在我之前所提出的例子中，團體對我母親死亡的反應一樣，我到現在還記得當時每一個成員如何人性地對待我，而不只是為了讓我能有效治療團體才幫我打氣。

在《愛情劊子手》一書出版後，《紐約時報書評》（*New York Times Book Review*）登了一篇挑剔的評論，沒幾天，《紐約時報》（*New York Times*）登了一篇非常正面的評論，有好幾位病人或是留言、或是在會談開始時，問我有沒有看到那篇正面的評論，並為那篇負面的評論安慰我。還有一次，在一家特別尖刻的報社採訪我之後，有位病人提醒我，報紙在隔天的作用就只是拿去包魚罷了。

蘇利文（Harry Stack Sullivan）是一位影響深遠的美國精神醫學理論家，他有個很有名的比喻，把心理治療描述成兩個人討論私人的問題，只是其中一人比較焦慮罷了。如果治療師比病人更焦慮的時候，治療師就成了病人，而病人則成為治療師。此外，病人會因為幫助了治療師而大幅提升自我價值感。我有好幾次機會照顧生命中的重要人物，有一次是安慰絕望的良師，並受邀治療他的兒子；還有一個例子是常常對一位前輩治療師提出忠告和安慰，陪他度過長年疾病的折磨，並有幸在他辭世時隨侍在側。雖然會看到長輩的弱點，可是這些經驗卻使我得以更豐富有力。

36 鼓勵病人自我坦露

當病人猛然躍進，打開新而重要的範疇，坦露以前沒有說過、難以啓齒的事，我不只會把重點放在談話的內容，也必定會重視其過程。

自我坦露絕對是心理治療中的基本要素，少了自我坦露，就沒有病人能從治療中獲益。自我坦露是在治療中自然會發生的事，我們只在它沒有出現時，才會注意到。我們在治療中所做的許多事——提供安全的環境，建立信賴感，探索幻想和夢，目的都是為了鼓勵自我坦露。

當病人猛然躍進，打開新而重要的範疇，坦露以前沒有說過、難以啟齒的事（一些可能尷尬、丟臉、內疚的事），我不只會把重點放在談話的內容，也必定會重視其過程（請牢記，過程與兩人互動時彼此關係的本質有關）。換句話說，在徹底討論過內容後，我必定會把注意力轉到病人的坦露行為。首先，我會以溫柔的態度小心對待這種坦露，說出我對病人願意信賴我的感受，然後把注意力轉到他為什麼決定告訴我這件事。

「縱向坦露和橫向坦露」的概念，或可有助於說明這一點。所謂縱向坦露是指針對坦露的內容，深入地探討。比方說，如果坦露的事與喜歡穿異性服裝有關，治療師可以詢問病人過去穿異性服裝的發展過程，或是穿異性服裝時的特殊細節和環境（穿什麼衣服，運用什麼幻想，是獨自做或是與他人一起等等），來鼓勵縱向的坦露。

相反的，所謂橫向坦露是探討坦露的行為。為了促進橫向坦露，我們會詢問這一類問題，如：「今天是什麼因素使你願意討論這一點？談這些有多困難？在以前的會談是否想說這一點？為什麼之前沒說？既然這裡只有你和我，我猜想必然和你預期我會如何反應有關。（病人通常會同意這個不言而喻的事實）你預期我會怎麼反應呢？你今天看到我有什麼反應？對我的反應，你有沒有任何問題想問我？」

在團體治療中，因為成員間的差異是如此明顯，自我坦露的過程特別會成為尖銳的焦點。輿論的力量很大，成員會根據透明度為別人打分數，最後團體會對語多保留的成員感到不耐煩，於是不願坦露就成為團體的焦點。

成員常常會不耐煩地回應拖延很久才坦露的人。他們會說：「你現在才告訴我們三年來的外遇，那過去六個月以來，我們在一起幹嘛啊？看看我們浪費了多少時間，過去那麼多次聚會，我們都以為你的婚姻破裂只是因為太太對你冷淡、不關心。」這個過程需要治療師積極介入的原因，就是不論拖延多久，病人都不該因為自我坦露而受懲罰，個別治療也是如此。每當你想說：「他媽的，浪費了那麼多時間，你為什麼不早說呢！」的時候，就應該保持沉默，把重點轉移到病人終究產生信任感，願意坦露這些事的事實。

37 心理治療中的回饋

不論是在個別治療或團體治療中，我們特別會把目標放在盲目自我。治療的目標是增加病人的現實感，幫助人像別人看他那樣來看自己。

在教導團體領導者和成員關於自我坦露和回饋時，周哈里窗（Johari window）是重要的人格模式，也可以運用在個別治療中。這個奇特的名稱來自兩位首先描述它的人名的合併——周·魯夫特（Joe Luft）和哈里·印葛蘭（Harry Ingram），包括了四個象限：公開的、盲目的、祕密的和潛意識的自我。

象限一（自己和別人都知道）是公開的自我。

象限二（自己不知道，而別人知道）是盲目的自我。

象限三（自己知道，而別人不知道）是祕密的自我。

象限四（自己和別人都不知道）是潛意識的自我。

這四個象限在不同的人裡，各有不同的大小。有些象限在某些人很大，在其他人卻縮小。在治療中，我們企圖改變這四個象限的大小，試圖幫忙將公開的自我變大，減小其他三個自我，隨著病人分享自己的事增加，祕密的自我會在自我坦露的過程中縮小。這樣的分享剛開始是對治療師，然後會審慎地向生活中其他適當的人分享。當然，我們也希望藉著幫助病人探索並熟悉深層的自己，而使潛意識的自我變小。

不過，不論是在個別治療或團體治療中，我們特別會把目標放在象限二的盲目自我。治療有個目標是增加病人的現實感，幫助人像別人看他那樣來看自己，這需要透過回饋，才能使盲目的自我明顯減少。

團體治療中，回饋大多見於成員和成員之間。在會談時，成員彼此會有許多互動，而產生大量關於人際模式的資料。如果團體得到恰當的帶領，成員會接收到其他成員的許多回饋。不過，回饋是一種需要小心處理的工具，如果做到下述幾點，成員很快就會覺得受用無窮：

⑴回饋是基於此時此地的觀察。
⑵回饋要盡量接近引發的事件。
⑶重點要放在聽者的具體觀察和感受，而不是猜測或解釋說者的動機。
⑷接受回饋的人要與其他成員核對，以得到一致的確認。

在個別治療中只有兩個人，回饋就沒有那麼多彩多姿，但仍然是治療過程的有力部分。透過回饋，病人更能看見自己的行為，學習去體會自己的行為對別人的感受有什麼影響。

38 溫和有力地提供回饋

在每一段話中，我都只說自己觀察到的行爲，以及我對這些行爲的感受，避免去猜測病人的企圖。

如果你在此時此地有某些清楚的觀感，看起來與病人的核心問題有關，就必須以病人能接受的方式來傳達你的觀察。

在治療初期時，我發現有幾個有用的步驟，首先我會把病人當成盟友以獲得支持，徵得他的同意，以提出我在此時此地的觀察，然後我會說明這些觀察與病人來接受治療的原因非常有關。例如在第一次會談時，我可能會說：

「也許我能藉著檢視我們在這裡的關係，幫助你了解生活中的關係有什麼問題。雖然我們的關係和朋友關係不盡相同，但還是非常相似，特別是我們會深入討論事情。我對你的觀察可能會讓你看見自己和別人之間發生了什麼事，我願意說出我的觀察，你覺得好嗎？」

病人實在很難拒絕這種提議，一旦確立這個約定，我會比較大膽提供回饋，而較不覺得侵犯對方。一般說來，訂定這種協議是個好方法，如果在回饋時覺得尷尬的話，我會以之前的約定提醒對方。

例如以下三個病人：

- 泰德幾個月來說話都很小聲，不願看我的眼睛。
- 鮑伯是位能力很強的總經理，每次會談都帶著事先寫好的議題，在會談中記筆記，經常要我複述所說的話，以免遺漏一個字。
- 山姆總是隨意漫談，不斷編造冗長、離題、不得要領的故事。

這三個病人都說自己很難與人形成親密關係，在每個例子中，他們在此時此地的行為顯然都與他們的問題有關。我的任務是找出適當的方法分享我的印象。

- 「泰德，我發現你從不看我的眼睛，當然了，我並不知道你爲什麼老是看別的地方，但我知道這會讓我在與你說話時非常小心，好像你很脆弱，這種脆弱感會使我謹慎衡量我對你說的每一句話。我相信這種小心謹慎的態度會使我無法自在地與你親近。我的話令你驚訝嗎？還是你以前聽過類似的話？」

- 「鮑伯，容我說一些自己的感受。你記筆記和事先準備好會談的議題，都意味著你非常努力地運用會談時間，我很欣賞你的投入和準備，可是這些動作同時也對我造成明顯的影響，讓我覺得我們的會談充滿公事公辦的氣息，而不是私人的會談，我也常覺得受到仔細的審視和評價，而扼殺了我的自發性。我發現和你在一起時，我會變得很謹慎，可是我並不希望這樣。你有沒有可能也以同樣的方式影響別人呢？」

- 「山姆，容我打個岔，你現在講的是很長的故事，我卻開始覺得有點迷惘，我看不出這個故事和治療有什麼關聯。你非常會說故事，我也喜歡聽你的故事，但這些故事卻像是我們之間的障礙，使我無法靠近你，無法深入交心。你以前有沒有聽別人說過類似的話呢？」

這些回應的用字遣辭要非常小心，在每一段話中，我都只說自己觀察到的行為，以及我對這些行為的感受，避免去猜測病人的企圖，也就是說，我不會說病人不看著我是企圖逃避我，也不會說病人想用寫好的議題控制我，或是想用冗長的故事取悅我。如果我把重點放在自己的感受，就比較不會引起對方的防衛。畢竟，那是我的感受，這一點是毋庸置疑的。在每個例子中，我也讓他們知道我想與他們更親近、更了解他們，而我提出的行為會拉遠他與我的距離，也可能會拉遠他與別人的距離。

39 運用「部分」來增加回饋的可接受度

「部分」是很有用的觀念，可以在治療的各個階段降低病人的否認和抗拒，也是和緩地探討矛盾心理的好方法。

關於回饋還有一些建議。避免給予籠統的回饋，要清楚而有重點。對於病人常問治療師是否喜歡他們的問題，不要只簡單地給予肯定的答覆，而要重組病人的問題，並討論病人拉近你和推開你的部分。這樣的反應會更為有用。

「部分」的運用常常是減少防衛的利器。例如，一位老是遲付會談費的病人，每當討論到這一點，他就覺得非常難堪，提出許多沒什麼道理的藉口。我發現下述的說法頗為有用：

「達夫，我了解你可能有現實的理由，才沒有準時付費，我也了解你在接受治療時很努力，重視我，也覺得我的治療是重要的。可是，我也認爲你有一小部分在抗拒，所以對於付我費用有某些強烈的情緒，我很想談談這個部分。」

「部分」是很有用的觀念，可以在治療的各個階段降低病人的否認和抗拒，也是和緩地探討矛盾心理的好方法。此外，對於無法忍受矛盾，把人生看成黑白分明的人，也可以有效地向他們介紹由黑到白的灰階觀念。

例如，有位同性戀病人在性愛時毫不注意安全，總是有各種合理化的說辭。我對他說：「約翰，我了解你相信在那種情形下，感染愛滋病毒的機會只有一千五百分之一的機率，可是我也知道有一部分的你非常不顧後果、魯莽行事，我很想和這個部分的你，一千五百分之一的你，面對面談一談。」

再比如對一位沮喪或想自殺的病人說：「我知道你覺得非常洩氣，有時候想放棄一切，就像現在覺得想死一樣。可是你今天還是來會談了，有某個部分的你把你帶來我的辦公室，我想和這個部分的你，想活下去的你，好好談一談。」

40 莫趁熱打鐵

「莫趁熱打鐵」，也就是在她表現出不同的行爲時，才提出原有行爲的回饋。

波妮第一次接受我的治療，四十歲的她美麗動人，天使般的臉龐閃耀著光芒，好像剛擦拭過一樣。雖然她的人緣很好，有許多朋友，可是她告訴我，她覺得自己一直被人忽略，男人都樂意和她上床，卻一律在交往數週後選擇離開她，她問：「為什麼？為什麼沒有人認真對待我？」

在我辦公室裡，她總是活潑熱情，使我聯想到精力充沛的導遊或是搖著尾巴的可愛小狗，她像個年輕的孩子——純潔、風趣又單純，可是卻很虛幻乏味，難怪別人沒有認真對待她。

我確信自己的觀察非常重要，應該運用到治療中。可是，該怎麼做呢？怎麼樣才能避免傷到她，不使她緊閉門扉、自我防衛呢？有個我一再證明有用的原則，就是「莫趁熱打鐵」，也就是在她表現出不同的行為時，才提出原有行為的回饋。

例如，有一天她談到參加妹妹的婚禮，而在我辦公室痛哭流涕，她錯過了大好人生，朋友都結婚了，她卻只能看著年華老去。她很快就平靜下來，露齒而笑，為了「自己像個孩子」，以及在我辦公室裡這麼低落的情緒而道歉。我抓住這個機會告訴她，不但不需要道歉，剛好相反，她能和我分享絕望的心情是非常重要的。

我說：「我覺得今天與你更加靠近，你似乎變得更眞實，就好像我今天才眞的了解你，以前從來沒這麼了解過。」

她沉默下來。

「波妮，你在想什麼呢？」

「你的意思好像是我必須崩潰，才能讓你覺得了解我嗎？」

「我能了解你爲什麼這麼想，容我解釋一下。有好幾次，你來到我辦公室，都讓我覺得你充滿朝氣，非常有趣，可是我多少會覺得那不是眞實的你。那時你興高采烈的樣子確實很迷人，可是它也是一種阻隔我們接近的障礙。今天就不一樣了，我覺得眞的與你有所連結，我直覺上認爲你在社交關係中也渴望這種連結。我的反應令你覺得很奇怪嗎？還是很熟悉？過去有任何人對你說過這樣的話嗎？有沒有可能，我所說的情形和你在其他關係中的情形是相關的？」

還有一個相關的技巧，需要用到年齡狀態。有時我覺得病人在某個年齡狀態，有時在另一個年齡狀態，我會試圖以對方可接受的方式分享這個看法，通常是在我覺得病人處於符合目前年齡的狀態時提出來。有些病人發現這是非常重要的觀念，可能會常常注意自己，並在會談時說出覺得自己當時在什麼年齡狀態。

【第二部】

終極關懷

我認為在心理治療中，

有四個終極關懷是非常顯著的，

就是死亡、孤獨、

人生的意義和自由。

41 談論死亡

想要學習好好活著，就要學習好好死去。

對死亡的恐懼早晚會浮現表面，我們一生都籠罩在死亡的陰影之中，並豎起防衛（通常是基於否認），不願體認死亡。可是我們無法永遠不注意死亡，它會在幻想和夢境中湧現，在每一個夢魘中突然出現。我們還是小孩時，就經常會想到死亡，而我們主要的發展任務之一，就是適應對死亡的恐懼。

死亡是每一段治療的訪客，忽視它的存在，就表示覺得它太可怕而不願討論。可是，大部分治療師都避免直接討論死亡。為什麼？有些治療師不願談，是因為不知道如何處理死亡的議題。他們會說：「談有什麼用呢？還是回到精神官能症的歷程，這才是我們能有所作為的事。」有些治療師則是懷疑死亡和治療過程有什麼關聯，他們遵守阿道夫・梅爾（Adolph Meyer）的忠告，「不要去搔還不會癢的地方」。有些人則不願對已經很焦慮的病人（治療師也同樣焦慮）談會引發更大焦慮的主題。

可是有幾個好理由告訴我們，應該在治療中正視死亡。首先，要牢記治療是為了深入、詳細地探索人生的歷程和意義，既然死亡在我們的存在占有核心的地位，既然生命和死亡是相依相存的，我們怎麼能忽略死亡呢？從有文字紀錄以來，人類就了解，萬物都會消逝，我們害怕消逝，儘管會害怕、會消逝，我們也必須找出生活之道。心理治療師不能忽略那麼多偉大的思想家，他們的結論都是「想要學習好好活著，就要學習好好死去」。

42 強化死亡與生命的議題

雖然肉體的死亡會使我們毀滅，可是對死亡的觀念卻可能拯救我們。

大部分心理衛生工作者在接受訓練時，都會被教導要對面臨死亡的人讀托爾斯泰的故事《伊凡之死》（The Death of Ivan Ilyich），伊凡是個心胸狹窄的官僚，在痛苦中瀕臨死亡，面臨生命的終點，突然有了極深的洞察，他明瞭自己會死得那麼慘，是因為活得太糟糕了。他的洞察引發很大的個人變化，在生命的最後幾天，充滿了平靜和意義，這是他之前從未有過的。還有許多偉大的文學作品也包含類似的訊息，例如，《戰爭與和平》中的主角，在槍斃前的最後一秒獲得緩刑，使得生命整個改觀。《聖誕頌歌》中的史庫吉並沒有因為耶誕季節的歡樂而突然變成新人，而是在未來的精靈帶他看到自己的死亡，以及陌生人為他的財產爭吵時，才有了徹底的改變。這些作品所傳遞的訊息既簡單又深奧：雖然肉體的死亡會使我們毀滅，可是對死亡的觀念卻可能拯救我們。

在我治療罹患末期疾患病人的那些年中，看見許多面對死亡的病人經歷重大而正向的個人改變。病人覺得自己變得更有智慧，重新排列自己的價值觀（思考什麼是真正重要的事），開始不計較生命中瑣碎的事，看起來好像是癌症治癒了精神官能症——無謂的恐懼和有害的人際互動似乎都消失了。

我一直讓學生觀察我的癌症病人治療團體。通常教學中心的治療團體會很勉強地允許學生觀察，但常常心懷不滿，可是罹患癌症的末期病人團體不會這樣！相反的，他們喜歡有機會與別人分享自己的所學。我聽到許多病人悔恨地說：「多麼可惜，我們必須等到現在，等到我們的身體佈滿了癌細胞，才學會該如何活著。」

海德格談到兩種存在的模式：日常模式和本體模式。在日常模式中，我們全神貫注在物質環境，對這個世界的事物如何運作，充滿了好奇。在本體模式中，我們把焦點放在存在本身，也就是說，我們想知道的是世界中的事物是什麼。當我們存在本體模式中（這是超越日常事物的範疇），就是在一種特別準備好發生個人改變的狀態裡。

可是我們要怎麼從日常模式轉換到本體模式呢？哲學家常常談到「邊界經驗」（boundary experience），指急迫的經驗，使我們猛然跳出「日常生活」，把注意力集中於「存在」本身。最強大的邊界經驗就是面臨自己的死亡。平常的臨床實務中有什麼邊界經驗呢？對並未面臨立即死亡的病人而言，治療師該怎麼得到著力點，以促成本體模式的變化呢？其實每一段療程都佈滿了可以有效改變觀點的經驗，只是沒有死亡那麼引人注目罷了。喪親或喪友是處理別人的死亡，這是一種邊界經驗，其力量卻很少被運用在治療過程中。在喪親的治療中，我們太常把焦點完全放在失落、關係中的未竟之事、讓自己與死者分離、重新進入生活之流的任務上。雖然這些步驟都很重要，但千萬不要忽略這個事實——他人的死亡也使每個人赤裸裸而深刻地面對自己的死亡。多年前，我在喪親的研究中，發現許多喪偶的人不只是恢復喪偶前的功能，還有四分之一到三分之一的人甚至更進一層，得到新的成熟和智慧。

除了死亡和喪親，在每個療程中還有許多機會可以談到與死亡相關的議題。如果不曾出現這類議題的話，我相信是因為病人配合治療師隱微的指示而有的結果。凡是討論到老化、身體的變化、生命階段以及許多重要的生命里程碑，如重大的紀念日、孩子離家上大學、空巢現象、退休、孫子女的誕生等，都可以討論到死亡和人的必死性。同學會也是很強的催化劑，每個病人總會在某個時刻談到報紙上關於意外、暴行、訃文的新聞。再者，日常的惡夢中也會見到死亡的清楚腳印。

43 如何談論死亡

對於有強烈死亡焦慮的病人，我用直接的方式，平靜而就事論事的剖析焦慮，常常能消除對方的疑慮。

我喜歡直接而就事論事地談論死亡。在治療的早期階段，我認為需要先了解病人過去關於死亡的經驗，比如詢問：「你最早在什麼時候意識到死亡？你和誰討論過死亡？你生命中的大人會怎麼回答你的問題？你經歷過什麼人的死亡？參加過葬禮嗎？你的宗教信仰怎麼看待死亡？你用怎麼樣的態度看待死亡在你生命中造成的改變？你有關於死亡的強烈幻想和夢境嗎？」

對於有強烈死亡焦慮的病人，我用直接的方式，平靜而就事論事的剖析焦慮，常常能消除對方的疑慮。仔細探討恐懼，平靜的詢問到底對死亡害怕什麼，常常很管用。答案通常包括害怕臨死的過程，關心生者，擔心死後的世界（這個問題會把死亡轉化成並非終結一切的事件），以及擔心被人遺忘。

一旦治療師能鎮定地討論死亡，病人就會更常討論這個主題。例如，三十二歲的珍妮絲是三個孩子的母親，兩年前接受子宮切除手術，但一心想要更多小孩，她會嫉妒其他年輕的媽媽，受邀參加剛生產的送禮會時會感到憤怒，甚至和懷孕的至交完全斷絕往來，只因為充滿深沉痛苦的妒忌。

我們的前幾次會談重點在於她一直想要更多孩子的欲望，以及因此而對生活產生的諸多影響。第三次會談時，我問她知不知道如果不去想擁有小寶寶的事，還會想什麼事。

珍妮絲說：「我給你看樣東西。」她打開皮包，拿出一個橘子，剝開皮，拿一片給我（我接受了），然後吃完剩下的橘子。

她說：「維他命 C，我一天要吃四個橘子。」

「為什麼維他命 C 這麼重要呢？」

「保護我不會死掉。死亡——這就是你的問題的答案，我每時每刻都想到死亡。」

珍妮絲從十三歲開始，死亡的陰影就籠罩著她，那年她母親過世，她為了母親生病而對她非常生氣，在母親生命的最後幾個星期，拒絕到醫院探訪她。之後不久，她因為咳嗽，擔心罹患肺癌，為此感到驚恐，即使急診室醫師再怎麼保證也沒有用。由於母親死於乳癌，珍妮絲把胸部綁起來，趴著睡覺，試圖妨礙乳房的發育。由於她終身帶著遺棄母親所造成的內疚，所以相信把自己奉獻給子女，可以彌補沒有照顧母親的遺憾，並認為可以確保自己不會孤獨死去。

對死亡的不安常常偽裝成性的外表，性可說是使人忽略死亡的最大力量，充滿活力的性無疑是死亡的對立面。有些面臨死亡極大威脅的病人，會突然變得滿腦子都是關於性的念頭。主題統覺測驗（Thematic Apperception Test）的研究證明癌症病人在測驗中會增加性的內容。性高潮的法文 la petite mort 意思是小型的死亡，表示在性高潮中失去自我，消除了分離的痛苦——寂寞的「我」消失，進入融合在一起的「我們」。

有位罹患惡性腹腔癌症的病人，因為迷戀為她開刀的外科醫生而找我諮詢，她迷戀的程度大到以對他的性幻想取代對死亡的恐懼。例如，她準備接受重要的核磁共振檢查，由於那位醫師會在場，竟使她花很久的時間考慮要穿哪一件衣服，卻沒有想到自己能不能活下去還在未定之天。

還有位病人像個永遠的小孩，他是個潛力十足的數學天才，長大成人還像個小孩般天真，緊緊黏著媽媽。他雖然擁有絕佳的天賦可以孕育偉大的觀念，在研討會中即席揮灑，快速掌握新而複雜領域的精髓，卻從來無法完成一個計畫，建立自己的事業、家庭或婚姻。他並沒有意識到自己對死亡的擔心，而是在我和他討論一個夢時發現的：

「我和母親在一個大房間裡，好像我們舊家的一個房間，可是有一面牆上有個沙灘，我們在沙灘上散步，母親催我下水，我並不願意，但還是找了一張椅子給她坐，然後我走進水中，水很黑，當走到深處，水面碰到肩膀時，浪花忽然變成洶湧波濤。我醒來後發現喘不過氣來，全身被汗水濕透。」

被洶湧波濤淹沒的影像，是恐懼、死亡和埋葬的強大意像，有助於我們了解為什麼他不願離開童年和母親，完全長大成人。

44 談論生命的意義

最好用拐彎抹角的方式來處理生命的意義。我們必須做的是投入各種可能的意義中，特別是某種具有自我超越的意義。

人類似乎是尋求意義的生物，卻不幸被拋進缺乏內在意義的世界。我們的主要任務之一，就是創造牢不可破、足以支持一生的意義，然後以微妙的方法否認自己是意義的創造者，於是我們推斷意義在「那裡」等待我們。我們不斷尋求真實的意義，因而常常陷入意義的危機。

許多人尋求治療是出於對生命意義的關切，比例遠比治療師所知道的還要高。榮格說來找他的病人有三分之一是因為這個原因。這種訴求會以不同的方式表現。例如：「我的生活雜亂無章。」「我對任何事都缺少熱情。」「我為什麼活著？要到哪裡去？」「生命當然應該有某種更深的意義。」「我覺得好空虛——每天晚上以電視度日，使我覺得沒有意義、沒有用處。」「即使現在已經五十歲了，我還是不知道自己想要什麼。」

我曾做一個夢（在《媽媽和生命的意義》一書中有詳細的描述），夢中我在病房裡徘徊在死亡邊緣，突然發現自己坐在遊樂場要進鬼屋的車子裡，就在車子要進入黑暗的死亡深淵時，我突然看見已過世的媽媽在圍觀的群眾裡，我對她大叫：「媽媽，媽媽，我做得怎麼樣？」

這個夢，特別是我的呼喚：「媽媽，媽媽，我做得怎麼樣？」在我心頭縈繞許久。並不是因為夢的死亡意象，而是因為它關於生命意義的悲觀暗示。我覺得奇怪，我一生歷程的基本目標，怎麼可能就只是為了獲取母親的肯定！由於我和母親的關係不好，她在世時，我並不重視她的肯定，這更突顯這個夢的諷刺性。

這個夢所刻劃的意義危機，促使我以不同的方式來探索自己的生命。我做完夢後立刻寫下一個故事，在故事中，我與母親的鬼魂對話，以療癒彼此之間的裂痕，並想了解為什麼我們的生命意義會彼此糾纏、衝突。

有些經驗性工作坊會用一些方法鼓勵大家談論生命的意義，最常用的方法可能就是請成員想一想自己希望在墓誌銘上寫什麼。大部分這類關於生命意義的探索會得到類似下述目標的討論：利他、追求快樂、獻身於某個理想、生育、創造力、自我實現。許多人覺得，如果能超越自我的話，意義的探索會具有更深、更有力的意義，也就是把目標朝向外在的某件事或某個人，比如熱愛某個理想、某個人、某個神聖的本體。

近年來，過早成功的高科技富翁常常出現生活危機，這對沒有超越自我的生命意義體系，是非常有啟發性的。這一類人多半是以清楚的遠景開始他們的生涯——要成功，賺一大堆錢，過高品質的生活，得到同仁的尊敬，早早退休。確實有無數的人在三十幾歲就達到這個目標，可是開始升起疑問：「現在呢？我下個四十年要做什麼？」

我所見過的大部分年輕科技新貴，會持續做相同的事，開新公司，企圖重複他們的成功。為什麼？他們告訴自己，必須證明成功不是出於僥倖，他們可以自己做到，不需要特別的夥伴或導師。他們的門檻愈來愈高，在銀行裡存放一、兩百萬美元已不能讓自己與家人覺得安穩，他們現在需要五百萬、一千萬甚至五千萬美元，才能放心。當所賺的錢根本就花不完時，他們知道再賺更多錢根本就沒道理，也沒意義，卻還是停不下來。他們知道他們沒有時間陪家人，沒有把時間花在貼心的事上，可是就是無法放棄遊戲不玩。他們告訴我：「錢就好像丟在那裡，我需要做的只是撿起來就好了。」他們不得不玩下去。有位房地產大亨告訴我，他覺得如果自己停下來的話，就會消失不見。

許多人害怕無聊，即使是一點點無聊的感覺，也會使他們急忙回去玩金錢遊戲。叔本華說，意志本身是永遠不會滿足的，只要滿足了一個願望，就會出現另一個願望。雖然會有非常短暫的舒緩、瞬間的飽足，可是很快又會轉成無聊。他說：「每個人的一生都是在痛苦和無聊之間翻來覆去。」

不像處理其他存在的終極關懷（死亡、孤獨、自由）的方式，我發現最好用拐彎抹角的方式來處理生命的意義。我們必須做的是投入各種可能的意義中，特別是某種具有自我超越的意義。重要的是投入，而治療師所做的，就是找出投入的障礙，並幫助對方移除障礙。就像佛陀所教導的，對生命意義的疑問是無益的，人必須讓自己沉浸在生命的水流中，讓疑問隨流而逝。

45 自由

我們並不是進入一個完全架構好的世界，而是扮演了組成世界的核心角色——我們以世界好像獨立存在的樣子來組成它。

我之前提到存在的四大終極關懷，就是存在的四個基本事實——死亡、孤獨、無意義、自由，當我們面對這些事實時，會引發很深的焦慮。一般人直覺上會覺得「自由」和焦慮兩者怎麼會有關聯，因為乍看之下，「自由」好像只包含正向的內涵，畢竟，整個西方文明的發展過程，不都是在渴望政治上的自由，為此而奮鬥嗎？可是，自由也有黑暗的一面，從自我創造、選擇、意志、行動等觀點來看，自由在心理上很複雜，而且充滿了焦慮。

在最深處的感覺裡，我們是為自己負責的，就如沙特所說，我們是自己的作者。透過增加自己的選擇、自己的行動以及缺乏行動，我們最終描繪出自己。我們無法逃避這種責任、這種自由，以沙特的話來說就是「我們注定是自由的」。

我們的自由比個人生活的設計還要深入，兩百多年前，康德告訴我們，我們不但要為內心世界的形式和意義負責，還要對外在世界的形式和意義負責。我們所知覺的外在世界，是透過自己的神經和精神器官來處理的。現實完全不是我們兒時所想像的那樣，我們並不是進入（以及最後離開）一個完全架構好的世界，而是扮演了組成世界的核心角色——我們以世界好像獨立存在的樣子來組成它。

那麼自由的黑暗面和焦慮與臨床治療有什麼關聯呢？往下看就會發現答案。如果我們是根本的世界組成者，我們之下的堅實基礎在哪裡呢？我們之下有什麼？什麼也沒有，德國存在哲學家稱之為「虛無」（Das Nichts），自由的深淵。了解到存在的核心就是虛無時，就會引發深處的焦慮。

因此，雖然在治療會談和心理治療手冊中，並不會談到「自由」，可是自由的衍生物——責任、意志、欲望、決定，卻是所有心理治療活動中常見的主題。

46 幫助病人承擔責任

責任的承擔是治療過程不可或缺的第一步，一旦能體認到自己在生活困境的產生過程中，扮演了什麼角色，就能了解自己有改變處境的力量。

只要病人堅信自己的主要問題是某種自己無法控制的力量（別人的行為、神經質的病態、社會階級的不公平、基因）所造成的結果，治療師所能做的就很有限了。我們可以同情他們，針對生活中的打擊和不公平，建議以更合適的方法來反應；還可以幫助病人得到平靜的心，或是教他們以更有效的方式來改變環境。

可是，如果我們希望治療得到更重要的改變，就必須鼓勵病人承擔起責任，也就是說，要領會他們是怎麼樣造成自己的不幸。例如，有位病人談到在單身世界中一連串可怕的經驗：男人虐待她，朋友背叛她，老闆利用她，愛人欺騙她。即使治療師相信這些事的真實性，早晚還是必須把重點放在病人自己在這一連串事件中的角色。實際上，治療師可能必須說：「即使這些發生在你身上的壞事，有百分之九十九是別人的錯，我還是想看一看剩下的百分之一，這個部分是你的責任。即使非常有限，我們還是必須看一看你的角色，因為這是我能幫助你最多的部分。」

什麼時候準備好接受責任，每個病人都有很大的不同。有些人一了解自己在挫折中的角色就能接受責任；有些人很難發覺自己該承擔的責任，結果大部分的治療都在處理這個困難，一旦邁出這一步，改變幾乎就會輕鬆而自動的發生。

每個治療師都有促進病人承擔責任的方法。有時我會向常常被人利用的病人強調，每有一個利用者就必然也有一個被利用者，也就是說，如果發現自己老是處在被利用的角色中，就表示這個角色必然對他有某種吸引力，是什麼吸引他呢？有些治療師會以這一點面質病人。比如問：「在這個狀況裡，你有什麼樣的收穫？」

團體治療的形式可以提供特別有效的著力點，幫助病人了解自己的責任。團體剛開始成立時，病人都在相同的立足點，過了幾星期或幾個月，每個成員會在團體中形成特殊的人際角色，這個角色類似每個人在日常生活中所扮演的角色。此外，團體會祕密參與每個成員形成其人際角色的過程，根據此時此地的表現顯然可以追蹤這些過程，遠遠勝過治療師從病人不可靠的敘述來重建其角色。

強調回饋的治療團體會引發以下的步驟，而使成員承擔起責任：

⑴成員了解別人怎麼看自己的行爲。

⑵然後知道自己的行爲會使別人有什麼感受。

⑶他們觀察到自己的行爲如何塑造出別人對他們的看法。

⑷最後他們能了解是前三個步驟塑造出自己對自己的感受。

所以，這個過程開始於病人的行為，結束於每個人被他人和自己評價的方式。四個步驟可以形成團體治療師有效介入的基礎，例如，「周宜，讓我們看一看現在你在團體中發生了什麼事。經過兩個月的團體，你自己在團體裡的感覺很不好，有好幾位成員對你感到不耐煩（或是脅迫你、迴避你、生氣、惱怒、覺得被引誘或背叛），怎麼回事呢？這是不是你所熟悉的處境？你願不願意看一看自己在引發這種情形的過程中，扮演了什麼角色。」

在個別治療中也可以利用此時此地的資料，指出病人對治療過程該負的責任，例如病人遲到，隱藏資訊和感受，忘了記錄夢。

責任的承擔是治療過程不可或缺的第一步，一旦能體認到自己在生活困境的產生過程中，扮演了什麼角色，就能了解自己（而且只有自己）有改變處境的力量。

回顧一個人的一生，並接受自己所做一切事的責任時，可能會產生極大的遺憾，治療師必須預先考慮到這種悔恨，並試著重新架構這個經驗。我常常鼓勵病人想像未來的自己，並考慮現在要怎麼活，好讓五年後的自己回顧現在時，不會再次後悔落淚。

47 不為病人做決定

不要急著爲病人做決定，你的決定多半不是好主意。病人所提供的資訊不但經過扭曲，還會隨著時間而改變，或是隨著與治療師關係的改變而改變。

幾年前，一位三十三歲的醫師麥克，由於遇到緊急的狀況而找我會談。他在加勒比海有一棟共有產權、可以輪流使用的度假公寓，他計畫一個月後到那裡度假。可是遇到一個大問題，他邀請兩位女性和他一起度假，結果兩個人都接受了，一位是交往已久的女友黛玲，另一位是認識沒幾個月、光芒四射的派翠西亞。他該怎麼辦？他已經急死了。

他談到自己與兩位女性的關係。黛玲是記者，高中時的班花，在幾年後的同學會重逢，他覺得她既美麗又迷人，當場愛上她。雖然麥克和黛玲住在不同的城市，但過去三年來，兩人一直愛得死去活來，每天通電話，大部分週末和假期都一起度過。

可是，到最近幾個月，激情的關係已經冷卻，麥克覺得沒那麼受黛玲吸引，兩人的性生活了無生氣，電話聯絡也變得時有時無。此外，她的記者職務常常需要旅行，週末也常常沒空，更不可能搬到附近來住。可是他的新朋友派翠西亞似乎能使美夢成真。她是小兒科醫師，漂亮，富裕，住在一公里外，而且非常喜歡和他在一起。

這件事看起來不需要用什麼大腦。關於他對兩位女性的描述，我一直覺得很納悶。「有什麼問題呢？」該做什麼決定似乎很明顯——派翠西亞這麼好，黛玲的問題那麼多，而期限逐漸逼近，我忍不住想跳進去告訴他不要再想了，可以宣布他的決定，唯一合理的決定，唯一可能的決定。為什麼一拖再拖？為什麼還要抓著可憐的黛玲不放，這對她實在太殘忍，也沒有必要，只會使事情愈來愈糟。

雖然我避免掉進直接告訴他該怎麼做的陷阱，但還是想辦法讓他知道我的看法。治療師都有一些奸詐的小技巧，例如這樣的說法：「我想知道是什麼東西阻礙你把其實已經決定的事付諸行動。」（我也很想知道，如果治療師少了「我想知道」這種方法，究竟還能做些什麼事？）所以我用了某種方法讓他得到最好的服務（只花了三次快速的會談！），促使他寫出無法挽回的絕交信給黛玲，然後和派翠西亞航向熱情的加勒比海落日。

不過，熱情沒有持續多久，沒幾個月，發生了奇怪的事。雖然派翠西亞一直是個理想情人，麥克卻對強調親近和承諾的她愈來愈感到不舒服，他不喜歡她把家裡的鑰匙給他，並堅持要他也這麼做。直到派翠西亞提議同居時，麥克卻步了。在會談中，他開始狂熱地說他多麼重視自己的空間和孤獨，派翠西亞是非常突出、沒有缺點的女性，可是他覺得受到侵犯，他不想和她或任何人同居，不久他們就分手了。

麥克開始尋找另一段關係，有一天他給我看他登在電腦擇友服務的資料，上面具體說明他想要女性的特徵（美麗，忠誠，與他的年齡和背景相近），還描述了他想要的關係（專一但分開的安排，兩人都保有自己的空間，常常通電話，共度週末和假期）。他念念不忘地說：「醫師，你知道嗎，聽起來很像是黛玲。」

這個故事的教訓，就是不要急著為病人做決定，你的決定多半不是好主意。就像這個故事所闡述的，我們不只沒有水晶球，所根據的還是不可靠的資料。病人所提供的資訊不但經過扭曲，還會隨著時間而改變，或是隨著與治療師關係的改變而改變。不可避免的，會有新而無法預期的因素出現。如果病人提供的資訊強烈支持某種特定的做法

（就好比這個例子），不論是基於什麼理由，就表示病人在尋找別人支持某個特別的決定，而這個決定不見得是最明智的做法。

我認為病人對配偶的苛責是最需要抱持懷疑態度的，我一再體驗到，見到病人的配偶時，卻驚訝地發現，眼前的人完全不同於幾個月來從病人描述中所得到的印象。關於婚姻不和的敘述中，一般常會忽略病人自己在過程中所扮演的角色。

我們最好相信更可靠的資料——沒有經過病人偏見過濾的資料。要得到更客觀的觀察，有兩種特別有用的來源。一個是夫妻一起來會談，治療師可以親眼見到兩人之間的互動，另一個是把焦點放在此時此地的治療關係，治療師可以看到病人如何影響自己的人際關係。

警告：有時病人受別人虐待的證據非常明顯，顯然需要果斷的行動，治療師就該義不容辭，盡可能影響病人做適當的決定。對顯然受到身體虐待的女性，我會盡一切力量勸阻她回到可能再被毆打的環境，所以本章章名所用的「不」字並不是絕對的。

48 決定是進入存在基石的捷徑

決定是進入豐富的存在領域的捷徑，這個領域包括了自由、責任、選擇、懊悔、願望和意志。

急著為病人做決定，可說是失去病人的好方法。如果病人被分配到的任務是無法做或不願做的，就會覺得不滿意，不論他們是因為被控制而生氣，或覺得自己不能勝任，或是害怕治療師會失望，結果往往都是相同的——離開治療。

不過，除了可能犯下技術錯誤的原因之外，不為病人做決定還有更重要的理由——面對無法做決定的情形，還有更好的做法。決定是進入豐富的存在領域的捷徑，這個領域包括了自由、責任、選擇、懊悔、願望和意志。勉強病人接受膚淺而過早提出的勸告，等於讓他們放棄探索存在領域的機會。

因為決定的困境會引發自由的焦慮，許多人會盡其所能避免主動做出決定。這就是為什麼有些病人會找別人為他做決定，並透過機巧的方式，誘使粗心的治療師為他承擔決定的沉重責任。

他們也可能在生活中迫使別人為他們做決定。每個治療師都見過病人藉虐待伴侶使對方選擇離開，而結束關係。有些人則是希望別人犯下某種明顯的過錯，例如我有一位陷在非常具破壞性關係的病人說：「我無法主動結束這段關係，可是我祈禱能逮到他和別的女人上床，那我就能離開他了。」

我在治療中的第一步，就是幫助病人為自己的行為承擔起責任。我試著幫病人了解，即使不做決定，或是操縱別人為他們做決定，他們還是做了一個決定。一旦病人接受這個前提，並承認自己的行為時，我就會以某種方式提出治療上的關鍵問題：「你對此感到滿意嗎？」（包括對決定的本質和他們做決定的方式都感到滿意。）

例如，一位發生外遇的男性冷落妻子並虐待她，於是她（不是他）決定結束婚姻。我先讓他看清自己不願做決定的模式，這種模式會導致他被外在事件控制的感覺，只要他否認自己的作用，就不可能有真實的改變，因為他的注意力都放在改變環境，而不是改變自己。

當病人了解自己在結束婚姻上的責任，也了解是他選擇結束婚姻時，我就把他的注意力轉到是否對自己做決定的方式滿意；他是否真誠對待多年的伴侶、他孩子的母親；他將來會有什麼遺憾；他還會尊重自己嗎。

49 把焦點放在抗拒做決定

決定的道路可能很艱難，因爲它把我們帶入有限與失根的領域，這是充滿焦慮的領域。

為什麼很難做決定？約翰·加德納（John Gardner）的小說《格倫德爾》（*Grendel*）中，主角因為對生命的奧祕感到困惑，請教一位有智慧的牧師，牧師說了兩句簡單而可怕的話：「每件事都會逐漸逝去，唯有選擇除外。」

「唯有選擇除外」這個觀念正是難以做決定的核心問題。每當有一個「是」，就必然有一個「否」。決定的代價很昂貴，因為決定就需要放棄，這個現象吸引了歷代以來許多偉大心靈的注意。亞理斯多德假想有隻飢餓的狗，在兩份同樣吸引牠的食物之間，無法做決定。中世紀哲學家寫的故事提到一隻驢子在兩大捆同樣香甜的乾草間餓死。

我在第四十二章談到死亡是一種邊界經驗，可以把人從日常的心智狀態轉到本體狀態（在那種狀態中，我們能意識到存在），於是更可能發生改變。決定是另一種邊界經驗，不但讓我們看見自己創造自己的程度，也看見可能性的限制。做決定使我們切斷了其他可能性，選擇一位女性，或是一種行業、學校，意味著放棄了其他可能性。我們愈能面對自己的限制，就愈得放棄自己關於個人特殊性、無限的潛能、不會朽壞、超脫生物法則命運的迷思。基於這些原因，海德格說，死亡就是不可能再有其他可能性。決定的道路可能很艱難，因為它把我們帶入有限與失根的領域，這是充滿焦慮的領域。每件事都會逐漸逝去，唯有選擇除外。

50 藉提出建議而促進覺察

我所提出的建議並不是爲了建議本身，而是用來鼓勵病人探索的方法。探索家庭系統的規則、拖延的意義和收穫，以及對依賴的渴望、不誠實的本質和後果。

雖然我們藉由促進病人承擔責任，以及揭露他們對選擇的深層抗拒，來幫助他們處理兩難的決定，可是治療師還可以運用許多有益的技巧。

有時我會提出建議或規定某些行為，但不是用來為病人做決定，而是為了搖撼某個根深柢固的想法或行為模式。舉例來說，麥可是一位三十四歲的科學家，即將進行一次專業方面的旅程，為了是否要順道探視父母而掙扎。過去幾年來，每當他看望父母，就必然與身為勞工的壞脾氣爸爸吵架，爸爸會為了必須到機場接他而抱怨，責備他為什麼不自己租輛車子。

上回去看他們時，兩人在機場大吵一架，以致於他不再和父親說話，並提早離開。不過他想去看母親，兩人非常親近，母親也覺得父親是個粗魯遲鈍的小氣鬼。

我慫恿麥可去探視父母時，堅決地告訴父親，他要自行租車前往。麥可似乎對我的提議感到震驚，他父親總是會到機場接他，這是他的角色。當他不被需要時，可能會覺得受傷。況且，他到父母家以後，就不需要用車了，為什麼要浪費錢呢？為什麼要花錢租車，卻把車子擺上一、兩天而不使用呢？

我提醒他，身為研究學術的科學家，他的薪水是父親的兩倍以上，如果他擔心父親覺得受傷的話，何不打通電話給他，溫和地解釋自己決定租車的理由。

「打電話給我父親？」麥可說：「這是不可能的事，我們從不在電話中談話，我打電話時，只和母親說話。」

我若有所思地說：「這麼多規則。這麼多固定的家規，你不是說希望和父親之間的關係有所改變嗎？要實現這一點，有些家庭的常規就必須改變。把每件事都拿出來暢談，打電話、當面談或是寫封信，這會有什麼危險呢？」

他最後接受我的提議，根據自己的方式和願望，開始改變與父親的關係。改變家庭系統中的一部分就會影響其他部分，在他的例子中，母親取代父親成為主要的家庭問題，時間長達好幾個星期，最後也解決了母親的問題；家庭逐漸凝聚在一起，而麥可也很敏銳地感覺到，過去與父親之間的距離，自己其實扮演了重要的角色。

再舉另一個例子，傑瑞德一直沒有採取必要的步驟以更換綠卡。雖然我知道他拖延的背後可能有許多主題需要探討，可是如果他不立刻行動的話，就會被迫離開美國，不但會放棄大有可為的研究和快速發展中的浪漫關係，而且也無法接受治療了。所以我問他想不想要我幫他申請綠卡。

他回答確實希望，於是我們寫下申請的流程和時間表。他承諾會在二十四小時之內，寫信向前任教授和雇主申請推薦信，並將申請信的副本以電子郵件寄給我，然後在七天後的下次會談中，把申請書填好帶來給我看。

我的介入解決了綠卡危機，然後我們把注意力轉到他拖延的意義，他對我介入的感受，他要我為他主導的期望，以及他被注意和援助的需要。

再舉一個例子，傑伊想要中止與美格的關係，兩人有數年親近的情誼。她是他太太的密友，在他太太罹患末期疾病時幫忙照顧她，並在三年可怕的喪偶悲慟中支持他，這段期間他非常依賴她，並與她同居，可是，當他從哀傷走出來之後，覺得兩人並不合適，經過一年痛苦的猶豫不決，他終於要求她搬出去。

雖然他並不想娶她為妻，可是非常感激她，所以在他名下的一棟大樓裡，提供一間公寓免費給她住。之後，他與不同的女性有一連串短期的關係，每當結束一段關係時，他就會因為孤獨而苦悶，於是又回頭找美格，直到遇見另一個更適合的人為止。他會一直給美格小小的暗示，表示他們最終或許有可能結為夫妻，所以美格一直擱下自己的生活，永無休止地保持在等待他的狀態。

我告訴他，他對美格這種缺乏誠信的作為，不但會使她的生活卡住，也要為他自己的煩躁不安與內疚感負責。他否認自己有不誠實的作為，還引用自己慷慨提供美格免費公寓的事為證。我指出，如果他真的覺得自己對她很大方，為什麼不改用不會把她綁住的方式，比如給她一筆現金或是把產權過戶給她。經過幾次這樣對質的會談，他終於承認自己自私地不放她走，想要把她留在身邊，好像備胎一樣，以確保自己不會感到寂寞。

在每一個例子中，我所提出的建議並不是為了建議本身，而是用來鼓勵病人探索的方法。探索家庭系統的規則、拖延的意義和收穫，以及對依賴的渴望、不誠實的本質和後果。

通常對病人有助益的是給予建議的過程，而不是建議的特定內容。例如，有位醫師找我討論拖延造成工作癱瘓的情形，由於他無法完成醫療紀錄，導致辦公室堆了幾百份病歷，造成醫院的困擾。

我試了各種方法來推動他，到他辦公室評估工作量，請他把病歷和錄音機帶到我辦公室，好讓我修正他的口述技巧，並訂下每週口述進度的時間表，然後打電話給他確定是否堅持去做。

這些特定介入的方法沒有一項是有用的，可是他會被過程推動，也就是說，我的關懷足以延伸到辦公室以外的空間，因此改善我們的關係，最後產生良好的療效，使他發現自己的方法，可以處理堆積如山的工作。

51 催化決定的其他方法

相信我，對人來說，最難放棄的事，其實就是他眞的不想要的事。

就像所有治療師一樣，我有自己喜歡的推動技巧，是多年治療經驗發展出來的。有時我發現，特別強調病人對過去無法改變事件的荒謬抗拒，是很有用的。有一次有位非常抗拒的病人，為了幾十年前發生的幾件事怪罪母親，使生活陷入泥淖。我請他重複好幾次這個敘述：「我不要改變，媽媽，除非你在我八歲時以不同的方式對待我。」來幫助他了解自己的立場多麼荒謬。多年來，我偶爾會適時運用這個方法（當然，因應不同病人的特殊處境，會有不同的用字遣辭）。有時候，我只是提醒病人早晚得放棄改變往事的目標。

有些病人說，因為不知道自己想要什麼，而不能有所行動。在這種情形下，我會試圖幫助他們找出自己的願望，並體驗它。這一點可能相當曠日廢時，許多治療師最後會厭倦而想大叫：「難道你從來沒有想要過什麼東西嗎？」荷妮有時可能是在被激怒的情形下，說：「難道你不曾想過問自己想要什麼嗎？」有些病人覺得自己沒有權利要任何東西，有些病人則以放棄願望來逃避失落和痛苦（如果我沒有期望，就不會再覺得失望）。還有些人沒有把願望表達出來，是希望周圍的人能猜出他的願望。

人有時會在想要的被拿走時，才認清自己要的是什麼。對於搞不清自己對別人有什麼感受的人，有個方法有時很管用。請他想像（或是角色扮演）對方在通電話時要求分手，那時他有什麼感受。傷心？受傷？輕鬆？興奮？是否能找到什麼方法讓這些感受影響之前的行為和決定呢？

有時我會對陷入兩難的病人引用卡繆在《墮落》（*The Fall*）一書中的一句話來刺激他們，這句話一直深深影響著我，就是：「相信我，對人來說，最難放棄的事，其實就是他真的不想要的事。」

我試過許多方法來幫助病人更客觀地看自己。我的指導老師劉易斯・希爾（Lewis Hill）教過我一種改變觀點的方法，有時很管用，就是徵求病人的同意，以下述方式當自己的諮商師：

「瑪麗，我治療一位病人時，覺得有點卡住，想要徵詢你的意見，或許你能提供一些有用的建議。我正治療一位聰明、敏感、迷人的四十五歲女性，她說自己的婚姻非常可怕，四年前女兒上大學時，她計畫離開丈夫，那時她反反覆覆，無法下定決心，雖然她覺得很不快樂，可是到現在還留在原來的處境裡。她說丈夫很討人厭，常常對她口出穢言，可是她不願意要求他來接受夫妻治療，因爲她已決定離開他，如果他在夫妻治療中改變的話，她就更難離開了。可是女兒離家已經五年了，她還在那裡，事情也沒有改變。她既沒有接受婚姻治療，也沒有離開，我懷疑她是不是藉著浪費自己的生命來處罰丈夫。她希望由他來促成分離，她禱告能讓自己逮到他和別的女人上床（或是和別的男人，她一直懷疑這一點），那麼，她就能離開了。」

當然，瑪麗很快就知道這個病人其實就是她自己，聽到別人以第三人稱的方式來描述自己的事，或許能讓她更客觀地看見自己的處境。

【第三部】

治療的祕訣

把治療看成連續的會談來進行，

每次會談都要寫筆記，

在兩位病人之間為自己留點時間……

其實最重要的，

是一顆真誠的心。

52 把治療看成連續的會談來進行

我們打開新的主題，處理一陣子，然後轉到其他問題，又會不斷回到相同的主題，每次都會更深入地探索。

許多年前，我接受羅洛．梅的治療，時間長達兩年。他住在蒂伯龍（Tiburon），也在那裡工作，我則在帕羅奧圖（Palo Alto），兩地之間的車程要七十五分鐘。我認為可以利用通勤時間聽一聽上次治療的錄音帶，羅洛．梅同意我錄音，我很快就發現，聽上次的錄音帶可以強化治療的效果，因為我會更快投入上次會談提到的重要議題，深入地探索。由於效果很好，從此以後我慣例會為需要通勤很久才能到我辦公室的人錄下會談的內容，偶爾也會為住在附近，但特別想不起上次會談內容的人錄音，這種人可能情感非常脆弱，或是有短暫的解離發作。

這個特殊的技巧說明了重要的治療面向，就是如果治療能像連續會談來進行的話，會得到最好的療效。會談時間像是間斷的一個又一個小時，非常沒有效果，每次治療都用來解決一週來發生的危機，更是特別無效的方式。我剛進這一行時，曾聽到史丹福大學精神醫學主任大衛・漢堡（David Hamburg）開玩笑地說，心理治療（psychotherapy）就像是循環治療（cyclotherapy）。事實上，這個說法很有道理，因為我們就是持續地投入「來回徹底的治療」。我們打開新的主題，處理一陣子，然後轉到其他問題，又會不斷回到相同的主題，每次都會更深入地探索。心理治療這種循環的情形，可以比擬為更換汽車的輪胎，把螺帽放在螺栓上，均勻旋緊每一個螺帽，等回到第一顆螺帽時，再重複相同的過程，直到輪胎調到最理想的位置。

我很少是會談中先開口說話的人，就像大多數治療師一樣，我寧可等病人先開口，我想知道對方的「急迫點」（point of urgency，這是克萊恩提出的名稱）。可是，如果由我先說的話，必然都是從上次會談的內容說起，所以，如果上次會談有特別重要的事、情緒激動，或是意猶未盡的話語，我在接下來的會談可能會說：「上星期我們討論到許多重要的事，我想知道你回家以後的感受。」

當然了，我的目的是要把目前的會談連接到上次會談。我在治療團體結束後寫下摘要，並在下次會談前寄給各個成員的做法，也是為了完全相同的目的。有時團體一開始，會有成員談到摘要中的議題，指出他們有不同的看法，或是現在有不同於治療師的見解，我很歡迎這些不同的意見，因為可以使兩次會談連貫起來。

53 每次會談都要寫筆記

花幾分鐘把會談中討論的重要問題，以及你的感受和來不及談的內容輸入電腦，也讓自己在會談前有空看上次會談後的筆記。

如果治療師要了解治療的過程，把療程當成連續的過程來處理，就必須把發生的事記錄下來。管理式照護制度和擔心訴訟可說是當今威脅心理治療結構的兩大瘟疫，卻給了我們一個正向的禮物——促使治療師規律地記錄。

在以前還有祕書的時代，我慣例會口述每次會談的詳細摘要，然後請祕書抄寫下來（本書和我其他著作中的資料，大多取材自這些紀錄）。目前我則會在會談結束後，花幾分鐘把會談中討論的重要問題，以及我的感受和來不及談的內容輸入電腦。在安排會談的時間上，我也讓自己在會談前有空看上次會談後的筆記。如果我覺得沒有什麼重要的事可寫，這種情形本身就是重要的資料，可能代表治療停滯，我和病人需要開創新局。許多治療師與病人一週會談好幾次，由於會談內容還記憶猶新，比較不需要詳細的紀錄。

54 鼓勵病人密切觀察自己

我會力勸病人利用每一次機會，使自己的探索更爲敏銳。

治療這種事可說是自我探索的練習，所以我會力勸病人利用每一次機會，使自己的探索更為敏銳。如果一位老是在社交場合感到不自在的病人，談到自己收到一封大型宴會的邀請函，我通常會回應說：「太棒了！這是大好的機會，可以了解自己！這一次要密切觀察自己，記得事後要記錄下來，我們可以在下次會談中討論。」

回去探視雙親也是獲取資料的豐富來源。許多病人根據我的建議，和兄弟姊妹之間有了比以往更長時間與更深入的談話。任何一種同學會都是資料的金礦，任何再訪老朋友的機會也是如此。我會慫恿病人試著問別人如何看他，或是對他有什麼了解。我認識一位老先生，遇到小學五年級的女同學，對方告訴他，記得他是一個「擁有漆黑頭髮和淘氣微笑的漂亮男孩」，他聽了以後，高興地流淚，因為他一直以為自己是個平凡、笨拙的人，如果那時有任何人告訴他這一點，相信一定會改變他的一生。

55 病人流淚時

心理治療可說是情感表達與情感分析交替出現的過程。換句話說，你鼓勵情感表達，接著也一定會請對方深思表達出來的情感。

當朋友在你面前流淚時，你會怎麼做呢？通常你會試圖安慰他，你可能會關心地說：「怎麼啦？」或是抱住你的朋友，急忙拿面紙給對方，或是找個方法幫朋友控制住自己，停止哭泣。可是治療的情境需要比安慰更為深入。

由於流淚常常表示進入更深層情緒的入口，治療師的任務並不是有禮貌地幫助病人停止哭泣，剛好相反，你可能希望鼓勵病人更加投入，可能只是鼓勵他們分享自己的想法：「不要離開這種感覺，留下來，請繼續對我說話，試著把你的感受說出來。」或是以問題相詢，我常問：「如果你的眼淚會說話，它想告訴你什麼？」

心理治療可說是情感表達與情感分析交替出現的過程。換句話說，你鼓勵情感表達，接著也一定會請對方深思表達出來的情感。這個過程在團體治療中更明顯，因為這麼強烈的情緒是在團體的背景中引發的；可是在個別治療時也很明顯，特別是流淚的行為。所以，當病人流淚時，我會先讓病人沉浸到流淚的內容和意義中，稍後再分析流淚的行為，特別是與此時此地有關的情形。因此，我不只會詢問流淚的一般感受，還會特別詢問我在場的情形下流淚的感受。

56 在兩位病人之間為自己留點時間

林肯曾說，如果他有八小時來砍一棵樹的話，會先用好幾個小時把斧頭磨利。

我預期很多治療師會速速跳過這篇不受歡迎的勸告，因為經濟考慮下的快速趨勢，很多人的做法都是趕快看下一位病人，可是我還是要談這個主題。

要在兩次會談中間留下充裕的時間，否則等於是欺騙自己，也欺騙病人。我一向在每次會談後寫下詳細的紀錄，也會在會談開始前看一看這個病人的紀錄。我的紀錄通常會註明未完成的事——應該繼續探討的主題和話題，我和病人之間還沒有處理完的感受。如果你認真對待每次的會談，病人也會如此。

有些治療師把時間安排得太過緊湊，以至於在兩個病人之間根本沒有空檔。依我的看法，如果還要回覆電話的話，十分鐘的空檔都還嫌不夠。我認為在兩個病人之間，至少要有整整十分鐘，最好是十五分鐘，用來寫紀錄、閱讀紀錄和思考。十五分鐘的空檔也會造成一些問題：病人必須安排在零散的時間，比如幾點十分或幾點五十分，不過我的病人都能泰然面對這種情形。這種做法也可能拉長你的工作時間，可能使收入減少，但這麼做是值得的。據說林肯曾說，如果他有八小時來砍一棵樹的話，會先用好幾個小時把斧頭磨利。千萬不要做倉促行事而沒有磨利斧頭的樵夫。

57 坦率說出你的兩難

坦率地把自己的兩難表達出來永遠不會錯。

當我被卡住，不知該如何回應病人時，通常是因為我有兩種以上的考量，不知該做何選擇所造的。我相信坦率地把自己的兩難表達出來永遠不會錯。以下舉幾個例子：

- 「泰德，容我打個岔，我覺得有點卡在兩種相反的感覺裡。一方面我知道你和老闆衝突的由來很重要，我也知道你常在我打斷你時覺得受傷；可是另一方面，我又強烈地感覺你今天在逃避某件重要的事。」
- 「瑪麗，你說你不相信我對你完全誠實，因爲我對你而言太老練而敏銳了。我想你是對的，我有所保留，我常常覺得陷入兩難。一方面我想更自然地對你；可是另一方面，我覺得你太容易受傷，又把我的話賦予太大的力量。我覺得必須非常小心地考慮我的用字遣辭。」

- 「彼特，我覺得進退維谷。我知道你想和我討論艾莉，我感覺到你的強烈要求，而且不想讓你失望；可是，另一方面，你又說你知道重點不在於你和她的關係，你完全搞錯方向了，談這些並沒有用。對我來說，你的話意味著我們不應該繞著艾莉談，而要試著找出是什麼東西激起你的迷戀。最近幾次會談中，你用了很多時間描述你和艾莉的互動，結果沒有時間深入探索。我建議限制討論艾莉的時間，也許在每次會談時不要超過十分鐘。」

- 「麥可，我不想迴避你的問題。我知道你覺得我沒有回答你的問題，我並不想這麼做，我保證會再回到你的問題上。可是我真的覺得，如果先看看你問題背後的原因，對治療會更有幫助。」

再舉最後一個例子。蘇珊在面臨離開丈夫的抉擇時來找我，經過幾個月很有收穫的治療後，她覺得好多了，和丈夫的關係也有所改善。有一次會談時，她談到最近與丈夫做愛時，模仿我說話的樣子（同時也有所扭曲），兩人都捧腹大笑，這次模仿使他們更加親近。

我該怎麼反應呢？有許多可能性。首先，這件事反映出她覺得與先生有多親近，可說是多年來不曾有過的親近，我們的努力就是朝向這個目標，所以我可以對她的進步表達高興之意；我也可以針對她向先生扭曲我的言辭來回應；我也可以討論她平常如何處理三角關係——她在三人關係中極度不安，有著根深柢固的模式（包括戀母情結的三角關係），比如她和丈夫及兒子，她和兩位朋友，還有她、丈夫和我。但我的主要感受是她以不誠實的態度對我，我不喜歡這樣。我知道她對我充滿感謝和許多正面的感覺，可是她卻選擇矮化她與我的關係，以提升她與丈夫的關係。不過，我的感覺合理嗎？我是不是不該因為一己的氣憤而妨礙了專業上對病人最好的做法？

最後，我決定說出所有感受，以及是否坦露這些感受的兩難。我的坦露使我們進入幾個重要問題的豐富討論。她立刻領會我們的三角關係是她與其他朋友的縮影，而她們必然也與我有類似的感受。她先生確實因為我而感受到威脅，所以她希望藉著取笑我來安撫他，但她是不是也無意識地引發先生的競爭感呢？難道她沒有別的方法，既可以提供先生真誠的保證，同時也保持她與我關係的健全嗎？我說出自己的感受，而開啟了探索之門，看見她挑撥一個人反對另一人的僵化而不良的模式。

58 家庭訪問

每一次訪問都會提供關於病人各個面向的資料，而這些資料是我無法用別的方法得知的。

我曾到幾位病人家中訪問，雖然不多，但毫無例外的，每一次都很有用。每一次訪問都會提供關於病人各個面向的資料，而這些資料是我無法用別的方法得知的。比如他們的嗜好、工作的擾人程度、美感（從傢具、裝璜和藝術品可以看出來）、休閒娛樂、家中書籍雜誌的特色。有位病人埋怨缺少朋友，家中凌亂到顯然很不顧及訪客的感覺。有位年輕、迷人而衣著入時的女性，因為無法與男性建立良好的關係而來求助，她家中的擺設顯示缺乏照料——滿是汙垢的地毯、上打紙盒中放滿舊郵件、破破爛爛的傢具，難怪男性訪客會失去興趣。

訪問另一位病人時，我頭一遭發現她養了一打貓咪，屋內散發貓尿的臭味，以致於不曾在家中宴客。一位魯莽遲鈍的男子家中，出乎我意料之外，竟然在牆上掛了許多他畫的精緻水墨風景畫和中國書法。

在家庭訪問前的討論，可能會非常豐富。病人可能會對這種坦露感到焦慮；可能猶豫是否應該把家裡整理一下，或是自然呈現自己的家。有位病人非常焦慮，一度拒絕我的拜訪，當我到她的公寓，看見一面牆上擺滿了舊情人的紀念品，有嘉年華會的紀念玩偶、歌劇的票根、大溪地和阿卡波可的照片，她顯得非常難為情。她為什麼難為情？因為她強烈地想要贏得我對她聰明才智的尊敬，所以被我看到她如此禁錮在過去時，覺得很丟臉，她知道老是回味過去的愛情，實在很愚蠢，並覺得我看到她如此困在其中，必然會感到失望。

另一位深陷哀傷的病人常常談到去世妻子的物品和相片，所以我提議到他家裡拜訪，他的房子放滿了會令他想起太太的東西，包括在起居室中間的破舊沙發，他太太就是在那裡過世的。牆上掛滿了她的相片和她照的相片，書櫃裡都是她的書。最重要的是屋子裡幾乎沒有他的存在，他的品味，他的興趣，讓他覺得舒服的傢具！就過程來說，這次訪問對病人非常重要，因為我關心到親自登門拜訪，引發了劇大的改變階段，他希望我幫助他改變他的家。我們一起安排更改家中擺設的方法和時間表，促進了哀傷治療的進展。

有些人不太在意自己，好像他們的生活就應該缺乏美感和舒適。有位病人大出我意料之外，在家中各處囤積了數百冊舊雜誌和電話簿，我從來沒看過這種情形。有位病人是我的學生，也在家裡囤積許多東西，在接受兩年治療後，終於同意治療師到家中訪問，但是說：「你得答應我，到時不能哭。」她的話表示，同意治療師的拜訪顯示她真的開始進入改變的過程。

家庭訪問是非常重要的事，但我的意思並不是要剛入門的治療師輕率地踏出這一步，首先要弄清楚界限，並加以尊重。當情況有需要時，我們必須願意讓治療有彈性、有創意、有個人特色。可是，換個角度來看，過去在心理治療中常見的家庭訪問傳統，現在卻被視為大膽冒險的事。我很樂見開始有了變化，家庭治療師已開始強調把會談安排在病人的家中進行。

59 不要把詮釋看得太重要

我們心裡充滿尋找答案的需求，固執地堅持可能有某種答案的信念，使我們覺得承受得住，同時得到控制和掌握的感覺。

我在本書稍早提到我進行的一個實驗，我和一位病人各自記錄自己對每次治療會談的觀感，結果兩人對過程的記憶和重視的部分非常不同。我看重自己在知性上的詮釋，可是這些對病人卻沒有什麼影響，她重視的是與兩人關係有關的小動作。大部分心理治療的第一手報告也指出這種差異，治療師對詮釋和洞見的肯定，遠比病人高出許多。我們過度高估了知性探究的內容，這是打從一開始，佛洛伊德舉出兩個雖然迷人卻造成誤導的比喻，就給了我們錯誤的起點。

第一個是把治療師比喻成考古學家，煞費苦心地刷掉埋藏記憶的塵土，把真相揭露出來，看見病人早年到底發生什麼事情，比如最早的創傷、原始的景像、最初的事件。第二個則是拼圖的比喻，佛洛伊德認為找到遺失的最後一片，就可以解決整個拼圖。他的許多案例的病史讀起來好像一團謎霧，讀者急切地讀下去，預期會有生動有趣的結局，所有謎團都會得到解答。

我們當然會熱中於在知性上探索病人，並觀察或想像他們對我們的詮釋有「啊哈」的反應。尼采說：「我們甚至會捏造談話對象的臉部表情，以符合我們所說出的自以為傑出的想法。」佛洛伊德一點也不隱藏自己對知性解答的熱忱，許多病人都談到他慶祝某個特別敏銳的答案時，拿出「勝利雪茄」來抽的習慣。大眾媒體長久以來也把這種錯誤的治療觀呈現給公眾，好萊塢常常把心理治療師描述成勉力通過許多障礙，走錯許多路，最終克服欲望和危險，得到重大澄清與拯救的洞識。

我的意思並不是說知性的探索不重要，它確實重要，可是重要之處並不在於我們平常所以為的原因。我們渴求絕對真理的安慰，因為我們無法承受全然變化無常的存在所造成的孤寂感。就如尼采所說：「真理是一種假象，許多人靠它存活。」我們心裡充滿尋找答案的需求，固執地堅持可能有某種答案的信念，使我們覺得承受得住，同時得到控制和掌握的感覺。

但是知性探索的寶貴，並不在於在其內容，而在於其探索，這才是理想的治療任務。讓每一個參與者都有所收穫，病人舒適地把注意力放在生活中最微小的細節，治療師則因為解決某個生活謎團的過程而陶醉。治療之美在於病人和治療師緊緊連結在一起，而真正的改變動力（治療關係）得以萌芽。

在實務中，知性的探討與治療師—病人關係的連結是非常複雜的。治療師愈了解病人的生活、過往和現在，就愈能進入其中，成為更親近而有共鳴的見證人。此外，許多詮釋是直接針對於改善治療師—病人的關係，治療師不斷把焦點放在辨明並澄清妨礙治療師和病人相會的障礙。

在最根本的層面上，洞識和改變之間的關係仍然是個謎。雖然我們認為洞識會導致改變，但在經驗上並不能證實這種先後次序。事實上，許多老練細心的精神分析師認為其先後順序可能要倒過來，也就是說，洞識是隨著改變而來，而不是先於改變。

最後，請記住尼采的名言：「並沒有真理，有的只是詮釋。」因此，縱使我們真的提供精緻非凡的整套洞識，我們仍需知道，這只是一種構想、一種詮釋，並非唯一的答案。

比如有位絕望的寡婦無法忍受沒有配偶的孤獨，卻老是破壞可能與男性產生關係的任何機會。為什麼？經過幾個月的探討，我們得到幾種解釋：

(1)她覺得自己受到咒詛，每一個她愛的男人都英年早逝，她逃避親密是爲了保護男人不受她的厄運影響。

(2)她害怕男人與她太親近，因爲對方會看透她，發現她根本是個邪惡、淫猥、發怒起來非常危險的人。

(3)如果她眞的讓自己愛上別人，就等於承認丈夫眞的死了。

(4)愛上別的男人代表背叛、不忠：這表示她對丈夫的愛沒有自以爲的那麼深刻。

(5)她有過太多失落的經驗，無法再承受一次失落。男人太脆弱了，每當她認識新的男人，就會看見他的頭顱在皮膚下閃現，並因爲想到他很快就會成爲一堆枯骨而困擾。

(6)她痛恨面對自己的無助。丈夫有幾次對她生氣，她被他的怒氣嚇壞了，所以她決定不再讓這種事發生，再也不讓任何人這樣控制她。

(7)和一位男人定下來表示得放棄其他男人的可能性，她不願意放棄自己的種種可能性。

哪一個詮釋才是真實、正確的呢?一個、幾個、還是全部?每一個詮釋都代表一種構想,有幾種詮釋就代表有幾種詮釋系統,其中沒有哪個具有更重要的影響。可是,探索詮釋會使我們不斷投入,最終產生影響。她決定冒險嘗試,選擇與我有更深的關係,而我並沒有逃避她,也沒有因為她的憤怒而毀滅,我仍然與她親近,在她最絕望的時候握住她的手,我一直活得好好的,並沒有成為她被咒詛命運下的犧牲者。

60 加速治療的方法

根據「治療師必須爲每一個病人發明不同的治療」這個格言，治療師還是要適當地發展出適合特定病人需求的練習。

幾十年來，不論是心理治療或自我成長團體，都會運用各種「解凍」或促進的技巧，舉幾個我認為有用的技巧為例。「信任跌倒」就是由團體形成一個圓圈，圍住一位成員，他會閉著眼睛向後跌倒，由其他團體成員接住他；「最高機密」是由每個成員在相同形式的紙條上寫下自己害怕別人知道的重要祕密，但大家無法分辨哪一張紙條是由誰寫的，然後把這些紙條打散，每位成員讀一張別人紙條上的重要祕密，然後談如果自己有這種祕密的話，會做何感受；還有一個技巧是重播上次會談中的一段錄影來看；或是在學習團體中，成員輪流扮演領導者的角色，然後評論彼此的表現如何；或是在長時間無人發言的沉默之後，領導者可以請每個人很快地說一說剛才的沉默中自己在想些什麼。

這些解凍或促進的技巧都只是活動的最初階段。在每個例子中，領導者都必須仔細傾聽，幫助成員從練習中產生的資料得到收穫。例如，他們對信任、同理心和自我坦露的態度。

不論在癌症病人團體，或是有許多聽眾的演講，我所用過最有力的方法就是「我是誰？」的練習，每個成員都有八張紙，要在每張紙上寫下一個關於「我是誰？」的答案（例如：妻子、女性、基督徒、愛書的人、母親、醫生、運動家、性伴侶、會計師、藝術家、女兒等等），然後要每位成員從最次要到最重要（也就是最接近一個人的核心）的順序排列。

要成員依指示來冥想紙條上的答案，從最不重要的開始，想像如果放掉這個部分的自我認同，會做何感受，每隔幾分鐘會發出訊號（輕柔的鈴聲或鐘聲），聽到訊號時就移到下一張紙條，等鈴響八次時，所有紙條上的答案都已冥想過，再反向進行，讓成員把自己各個自我認同的部分放回來。在練習後的討論（這是每一種練習中不可或缺的部分），成員可以談論自己想到的問題，例如認同和核心自我的問題，放下的經驗，關於死亡的幻想。

一般說來，在個別治療中較不需要（或沒有用處）運用這些促進的方法。有些治療方式會用到許多練習（例如完形治療），如果運用得宜，或可加速治療。可是有些年輕的治療師會在治療需要放慢速度時，犯下拚命發展一大堆練習以活化治療的錯。新手必須學會有時要靜靜地坐著，有時是默默地交流，有時只是等待病人想到可以如何表達自己的想法。

不過，根據「治療師必須為每一個病人發明不同的治療」這個格言，治療師還是要適當地發展出適合特定病人需求的練習。

我在本書其他章節談到許多這類工具。如家庭訪問、角色扮演、要病人寫下自己的墓誌銘。我也會請病人把家人的舊照片帶來，不但讓我在看病人過去重要人物的相貌時，覺得與病人更有連結，還大大地催化病人對過去重要事件和感受的記憶。有時可以請病人寫信給某個與他有重要未竟之事的人，例如無法見面或過世的父母、前妻、小孩，與我分享這封信，但不需要真的寄出去。

我最常運用的技巧就是非正式的角色扮演。比如說，如果有位病人談到無法與同伴面對面談某個問題，例如她對於和朋友到海邊度假一週感到焦慮，因為她每天需要時間獨自冥想、讀書或思考。我可能會提議做個簡短的角色扮演，由她扮演朋友，而我扮演她的角色，以示範她該如何提出要求。有時也可能反過來，由我扮演她的朋友，讓她練習該如何說。

波爾斯（Fritz Perls）的空椅法有時也很管用，我會指導內在有強烈自我批判聲音的病人，把批評、論斷自我的部分放在一張空椅子上，對它說話，然後換到空椅子上，從那個批評自我的部分來說話。我要再次強調，這類技巧的用處不在技巧本身，而在於引發值得繼續探索的資料。

61 治療好比生活的彩排

心理治療並不能代替生活，而是生活的彩排。換句話說，雖然心理治療需要親近的關係，但關係並不是目標，只是達到目標的方法。

聽到別人把治療工作批評成僅僅是「販賣友誼」時，許多治療師會覺得無言以對。雖然這種說法有一丁點兒真實性，但還不值得為之無言以對。治療師與病人之間的友誼是治療過程的必要狀態，雖然必要，但並不充分。心理治療並不能代替生活，而是生活的彩排。換句話說，雖然心理治療需要親近的關係，但關係並不是目標，只是達到目標的方法。

親近的治療關係有許多目的。可以提供病人安全的地方，盡可能地坦露自我，在深入的自我坦露以後，還能提供病人被接納、被了解的經驗；還可以教導社交技巧，病人從中學到親密關係需要什麼；病人可以學到親密是可能甚至可實現的；最後，也可能是最重要的，就是羅傑斯所觀察到的，治療關係可以成為內在的參考點，讓病人藉以想像，一旦達到這種親密程度，就能懷抱希望，甚至期待得到類似的關係。

不論在團體治療或個別治療中，我們常聽到病人或團體表現得很傑出，卻在生活中沒有什麼改變，他們或許與治療師有很好的關係，或許是團體的關鍵人物，能自我坦露、努力治療、催化互動，卻無法把所學的運用到外面的情境。換句話說，他們以治療取代生活，而不是彩排他們的生活。

這其中的分野可以用來評估是否能結束治療。在治療情境中的行為改變顯然是不夠的，病人必須把這種改變轉移到生活環境中。在治療的後期階段，我會積極地確保學習能轉移出去，如果我認為必要的話，會開始主動指導勸說，讓病人把治療中新的行為拿到社交和家庭情境中實驗。

62 把最初的怨言當成著力點

時機的選擇非常重要，最有效的詮釋是在病人的情感平穩，對自己的行爲可以承受較冷靜的看法時。

不要忘記病人最初的抱怨。在治療遇到困難的時候，第一次會談中提到為什麼尋求治療的原因，或可提供你很大的幫助，下面這篇短文就描繪這種情形。

一位五十五歲的女性治療師在治療病人時遇到僵局，而找我諮詢。她的病人叫朗恩，是一位四十歲的臨床心理學學生，已經接受她治療好幾個月。不久前，朗恩被一位約會數次的女性拒絕，於是在治療中有愈來愈多的要求，堅持要治療師握他的手，給予他安慰的擁抱。爲了支持他的論點，他還買了一本我寫的《媽媽和生命的意義》，我在書中談到握住一位哀傷寡婦的手的效果。朗恩還會在會談結束時噘起嘴拒絕握手，並寫下一串治療師的缺點。

治療師對朗恩幼稚的行爲愈來愈不舒服、困惑，覺得受到操縱與氣惱。她試了許多方法，想改善這種僵局，可是都失敗了，而且愈來愈害怕病人強烈的憤怒，所以考慮結束治療。

我們回顧朗恩最初尋求治療的原因——處理他與女性的關係。朗恩是位迷人的男性，很容易與異性建立關係，晚上多半與好友在酒吧釣女人，在一夜情之後很快轉移到下一個目標。在少數幾次覺得某位女性特別迷人，而想與之延續關係時，都是突然被對方甩掉，他不知道為什麼，不過推測對方可能是受不了他總是堅持自己想要什麼就一定要的態度，他也正是因為這些問題才選擇女性治療師。

這個訊息為治療的僵局露出曙光，可以做為重要的著力點。病人和治療師之間的窘境並不是不幸的治療糾紛，而是無法避免也不可或缺的發展。朗恩當然會對治療師有過多的要求，他當然會貶低她，她也當然會想離開他，問題是怎麼將之運用到治療呢？

第四十章「莫趁熱打鐵」中提到時機的選擇非常重要，最有效的詮釋是在病人的情感平穩，對自己的行為可以承受較冷靜的看法時。當那個時機來臨時，就以目前的問題為著力點來談，藉著治療聯盟，提議治療師和病人要共同嘗試了解事件的經過，例如：

「朗恩，我認爲最近幾個星期在我們之間發生的事情實在非常重要，容我說明爲什麼。回想你最初來找我的原因，在於你和女性之間反覆出現的問題。就那時所說的問題而言，我們之間必然會出現這種不舒服的情形，現在也已經發生了。雖然這會讓你覺得不舒服，可是我們應該將之視爲大好的學習機會。這裡發生的事反映出你在社交生活中所發生的事，但兩者有一個基本的不同點，這就是治療情境的獨特之處。我不會和你終止接觸，而且我可以幫助你看見在舊有關係中不曾看到的部分，就是你的行爲會在別人身上引發什麼感受。」

之後，治療師可以用溫和、支持的方式，和朗恩分享自己對他的行為有些什麼感受。

63 不要害怕碰觸病人

她說我的手是安定的力量，使她不致於一直陷在絕望之中。

我在約翰霍普金斯大學附設醫院接受精神醫學訓練時，曾參加一個精神分析的病例討論會，有人批評提出病例的年輕治療師，因為他在會談結束時幫助病人（一位老婦人）穿上外套，於是引發一連串熱烈的辯論。有些較不急於批評的參加者則認為雖然治療師犯了明顯的錯誤，可是考慮到病人的年邁，以及外面肆虐的暴風雪，可以寬宥他的錯誤。

我永遠忘不了那一場討論會，直到現在，已過了數十年，我還會和那位一直與我保持友誼的治療師開玩笑，提及外套事件及當時展現出缺乏人性的治療觀點。經過多年的學習和矯正經驗，我才得以解消那種僵化訓練對我造成的傷害。

當我為領導癌症病人的支持團體而開發方法時，發生了一次這種矯正經驗。在我頭一個團體相聚沒幾個月時，有位成員建議以不同的方式來結束會談，她點燃一支蠟燭，要求大家手牽手圍成一圈，然後引導團體進行冥想。我以前不曾和病人牽手，可是在這種情形下，我別無選擇。我加入時立刻像所有成員一樣，覺得這種結束團體的方法非常棒，幾年下來，每次聚集都是以這種方式做結束。冥想本身是安靜而滋養的的過程，可是特別感動我的是手和手接觸的部分，當我們都覺得被共通的人性連結起來時，人為的界限（病人與治療師、病人和健康的人、垂死和活著的人）就消散無蹤了。

我認為在每次會談中碰觸病人是必要的。通常在治療結束，陪著病人走到門口時，我會和病人握手或是拍拍肩膀。如果病人想握久一點，或是想要擁抱的話，除非有什麼不得不拒絕的理由（比如擔心會有性欲的感覺），否則我一定配合。不過，不論是什麼樣的接觸，我在下次會談中會簡要地談一下可能只是很單純的情形。比如：「瑪麗，上次會談結束時有點不太一樣，你用雙手握著我的手好一陣子（或是「你要求我擁抱你」），我覺得你好像有某種強烈的感受。你還記得嗎？」我相信大部分治療師在身體的接觸上，都有自己的祕密規則。比如幾十年前，一位非常有經驗的前輩治療師告訴我，多年來，她的病人在會談結束時，慣例會親吻她的臉頰。

要接觸，但要確定接觸是有助於人際互動的情形。

如果病人非常絕望（好比癌症復發或遇到其他可怕的生活事件），而在會談時要求握我的手或與我擁抱，我會覺得拒絕就好像不願意幫那位面臨暴風雪的老太太穿外套一樣。如果我找不出減輕痛苦的方法，就會問病人希望我當時怎麼做。是靜靜坐著，還是提出問題，更積極地引導會談；或是要我把椅子拉近一點，還是要握著手呢？我會盡自己所能，試著以關愛、人性化的方式來回應，可是稍後我一定會詢問、討論我的動作引發什麼感受，也分享我自己的感受。如果我擔心自己的動作可能被解釋為含有性的意味，就會坦率地分享這種擔心，並表明雖然可能在治療關係中感受到性的感覺，但必須加以表白和討論，而且永遠不能付諸行動。我會強調，在治療室和治療時間裡，最重要的就是讓病人感到安全。

當然了，我絕不會堅持要有接觸。例如有位病人生氣地離開，拒絕握手，我會尊重他與我保持距離的期望。深受困擾的病人有時也會對接觸有強烈、沒有理由的排斥。如果我不確定，就會清楚地詢問：「我們今天要像往常一樣握手呢，還是你不想要？」在所有例子中，我必定會在下次會談時核對當時的情形。

這些都只是大體上的要點，可以指引治療的方向。在治療中，關於接觸的兩難處境是很常見的。發生時，治療師不要因為墨守成規而束手束腳，而要在治療時視狀況有即時的反應、有責任感、有創意，就如以下的例子所顯示的。

一位與我會談一年之久的中年婦女因為腦瘤接受放射線治療，以至於大部分頭髮已經脫落了。她滿腦子想著自己的外觀，常常談到自己拿掉假髮的話，別人一定會覺得她很醜陋。我問她認為我會有什麼反應。她覺得我和別人一樣會改變對她的看法，覺得她令人厭惡到想遠離她。我說不相信自己會想遠離她。

接下來數週，她一直考慮在我辦公室拿掉假髮的想法。有一次，她宣布時候已到，深吸一口氣，請我先看別的地方，然後拿掉假髮，就著隨身攜帶的小鏡子梳理僅存的幾縷頭髮。當我轉頭看她時，一時對她突然看起來很老的樣子感到震驚，只一瞬間，我就回過神來，重新連上我所認識的可愛的人，並想像我的手指在她的頭髮上滑動。她問我的感受時，我分享了自己的想像，她眼淚盈眶，拿起面紙拭淚。我決定再推進一步，問她：「我們要不要試試看？」她回答：「那一定很棒。」於是我靠近她，輕撫她的頭髮和頭皮，雖然只是很短的時間，但都在我們心裡留下難以磨滅的印象。她活了下來，幾年後因為別的問題來找我，提到我撫摸她的頭皮是使她頓悟的經驗，那個肯定的舉動徹底改變了她對自己的負面看法。

有位寡婦也有類似的感謝，她絕望到常常在我辦公室裡痛苦地說不出話來，卻僅僅因為我握住她的手而深得安慰。之後她說那是治療的轉折點，使她得以站穩，讓她感覺到與我的連結。她說我的手是安定的力量，使她不致於一直陷在絕望之中。

64 絕不可與病人發生性關係

強烈的性感覺會縈繞著治療情境，病人和治療師間特別的親密，怎麼可能避免性的感覺呢？

在過去幾年中，不當性行為成為極大的問題，當然，不只心理治療如此，也發生在每一個具有權力差異的情境中，如神職身分、軍隊、公司和政治的工作場所、醫療體系、教育單位，任何你想得到的地方。雖然不當性行為在每一種環境都造成極大的問題，但在心理治療界卻有其特殊意義，因為強烈而親密的關係是治療工作不可或缺的，而性關係對治療師和病人雙方都有很大的破壞性。

心理治療可說是受到不當性行為的雙重咒詛，不但病人受到背叛和傷害，所造成的強烈反應也對整個專業造成很大的破壞，治療師被迫以自我保護的方式進行治療，專業體制教導治療師在實務工作中要非常小心，不但警告要避免任何不尋常的親密，甚至要預防任何類似親密的情形，因為法律專家會想當然爾地認為無風不起浪。換句話說，我們被勸告要採用速成的心態，避免任何可能令人起疑的時刻，不能稍微脫離主題。治療師被告知要避免不拘禮節的交談，避免直呼其名，不要給對方咖啡或茶，不要超過時間，不要在一天中的最後一次會談安排異性病人（我承認自己犯了所有的錯誤）。有些診所把所有會談過程都錄影下來，以確保病人的安全。我認識一位曾被人無理控告的治療師，現在拒絕與病人有任何身體接觸，連握手也不行。

這種發展很危險，如果我們不能在這個範疇重獲平衡的話，就會犧牲心理治療的真正精髓，所以我才會寫出上一篇關於碰觸的文章，同時也確保學生不會把治療中的親密等同於性的親密，並接著討論不當性行為的問題。

強烈的性感覺會縈繞著治療情境，病人和治療師間特別的親密，怎麼可能避免性的感覺呢？病人常常對治療師發展出愛和性的感覺，這種正向移情的心理動力常常是由多種因素決定的。首先，病人是在一種非常少見、令人滿足而感到美好的情境之中，他們的每一句話都會引起對方的興趣而加以深究，過去和現在生活中的每一件事都會得到探索，他們受到照顧、呵護，還有無條件的接納和支持。

有些人不知道該如何面對這種慷慨寬大的行為。他們能回報什麼呢？許多女性，特別是不夠愛自己的人，相信唯一能報答的禮物就是以身相許，她們在過去的關係中可能要靠性才覺得自己有價值，少了性，她們只能預見治療師會對她們喪失興趣，最終拋棄她們；還有些人把治療師提升到不切實際、崇高偉大、比生命還重要的地位，可能想要與比自己偉大的人融合在一起；還有些人可能會和其他不認識的病人競爭治療師的愛。

這些心理動力都必須成為治療對話的一部分，它們會在病人的生活中造成困擾，能在治療會談的此時此地浮現出來是件好事，並非不幸。既然可以預期病人會被治療師吸引，這種現象就像所有會談時的事件一樣，必須清楚地說出來，並得到了解。如果治療師發現自己被病人激起性欲，這種情形正可以顯示出病人的生存方式（假設是在治療師對自己的反應很清楚的情形下）。

治療師並不會以毆打病人的方式來滿足有被虐待狂的病人；同樣的，也不應該與渴求性的病人發生性關係。雖然大部分不當性行為發生在男性治療師和女性病人之間（所以我在討論中用「男性的他」稱治療師），但同樣的問題和誘惑也適用於女性或同性戀治療師。

如果治療師過去有無法吸引女性注意的經驗，在受到女性病人熱烈歡迎時，很容易因興奮而變得不穩定。請牢記，在治療情境中興起的感受通常是針對角色，而不是針對特定的個人，所以不要把移情之下的傾慕，當成自己個人魅力令人無法抵擋的徵兆。

有些治療師在這方面的問題是因為自己缺少滿意的性生活，或是生活孤獨而沒有適當、必要的性生活，顯而易見的，把自己的工作當成尋找性對象機會的態度，是大錯特錯的。治療師必須盡其所能矯正自己的處境，不論接受個別治療、婚姻治療，或是尋找婚友聯誼、電腦擇友都好。當我在治療或督導時遇到這種治療師時，會想告訴他們（也常真的告訴他們）各種選擇，包括找妓女解決都比與病人發生性關係要好；我會想告訴他們（也常常這麼說），想辦法從世界上數十億可能成為伴侶的人中滿足性需求，除了病人以外的任何人都沒關係。這不單只是出於專業或道德上的考量。

如果分析到最後，治療師還找不出方法解決失控的性衝動，無法或不願意接受個別治療的幫助，那麼，我相信他不應該繼續從事心理治療這一行。

不當性行為也會對治療師造成傷害，犯錯的治療師一旦誠實地檢視自己，就會了解自己的行為是為了滿足一己的欲望，而不是為病人著想。曾經深深承諾要以服務為人生目的的治療師，等於是以暴力對待自己，也破壞了內心深處的道德規範，他們終究會付出慘痛的代價，不只是外在世界的法律譴責和處罰，以及廣泛的責難，還有不斷布滿內心的羞愧和內疚。

65 尋找週年紀念和生命階段的問題

某些日期對許多病人可能具有極大的意義，是治療的好機會。

某些日期對許多病人可能具有極大的意義。治療喪親的病人經過多年後，我愈來愈重視持續存在的週年紀念日反應與其力量。許多喪偶的人在與配偶死亡相近的日子裡，會突然覺得被絕望的浪潮擊打，例如確定診斷、死亡或喪禮的日期。病人常常故意不注意正確的日期，這個現象一直讓我覺得是潛意識影響意識思想和感受的明證。週年紀念日的反應可能會重複好幾年，甚至幾十年，力量歷久而不衰。專業文獻有許多令人震驚的研究談到週年紀念日反應，比如在父母過世的週年紀念日住進精神病房的發生率會提高，甚至過了數十年還是如此。

遇到某些特殊的日子時，是治療的好機會，可以用許多方式來了解狀況。比如生日

（特別是重大的生日）或許可以開啟對存在的關心，使病人更加深思生命的週期。對我而言，成人慶祝生日總是苦樂參半的事情，心底帶著一份悲嘆。有些人在超過父母過世歲數那一年的生日，會受到影響。退休、結婚或離婚的週年紀念，還有許多特殊日期，都會讓人深深感到時間無情的流逝和生命的無常。

66 絕不能忽略「治療焦慮」

焦慮並不像任意而下的陣雨一樣變化無常，而是有跡可循的，可以找到其原因，然後加以預防和控制。

雖然我強調心理治療是創造而自發的過程，由每一位治療師以自己的風格為各個病人量身訂做出來的，但是，仍然有某些一般性的通則。其中之一就是一定要探索與會談相關的焦慮。如果病人在會談中、會談後（回家的路上或之後想到會談內容的時候）或是準備參加下一次會談時，感到焦慮的話，我就會把焦點放在那個焦慮，深入地探討。

雖然焦慮有時可能來自會談討論的內容，但更常見的是源自於會談的過程——來自於對病人—治療師關係的感受。

例如，有位病人談到進入我辦公室時會覺得焦慮。

我問：「爲什麼？進來這裡有什麼使你焦慮的呢？」

「我感到害怕，我覺得在這裡好像在薄冰上溜冰。」

「在冰上跌倒相當於治療中的什麼事呢？」

「你會對我的抱怨和牢騷感到厭煩，而不想再看到我。」

「這種想法必然會使你把事情複雜化，我告訴你要把所有困擾你的想法都說出來，這已經夠困難了，可是你又加上其他問題——必須小心不要讓我感到厭煩或洩氣。」

還有一位病人說：

「我今天本來不想過來的，我一整個星期都爲了你在我拿面紙時所說的話感到不舒服。」

「你那時聽到我說什麼？」

「就是你對我的抱怨感到厭煩，而我又不接受你的幫助。」

「我所記得的與你說的完全不一樣。你那時在流淚，希望有人安慰你，我拿面紙給你時，卻驚訝地發現你很快閃開，自己拿了面紙，就好像要避免我拿東西給你似的。我試圖鼓勵你探討自己在接受我幫助時的感受，但絕不是在批評你或是感到厭煩。」

「我對於接受你的幫助確實有一些感覺。我認爲你的關心是有限的，好比只有一百分，我不想用完自己的分數。」

如果病人在會談時感到焦慮，我就會像偵探一樣，同時徵求病人的協助，仔細回顧會談的過程，精確地找出什麼時候出現不舒服的感覺，這種探索的過程表示焦慮並不像任意而下的陣雨一樣變化無常，而是有跡可循的，可以找到原因，然後加以預防和控制。

有時候，如果我有強烈的預感，認為病人事後可能會對會談中的事情出現反應，就會在會談快結束時，提議做個關於未來會有什麼想法的實驗。

「我們還有幾分鐘才結束，可是我想知道你願不願意坐著閉上眼睛，想像治療結束了，你在回家的路上。你會有什麼樣的想法或感受？你會怎麼看待今天的會談？你對我或我們的關係有什麼樣的感受？」

67 醫生，請你除去我的焦慮

告訴我，我今天說什麼話會是最理想的情形。我到底要說什麼話，才能使你覺得好一點？

如果病人快被焦慮壓垮，並要求或懇求得到解脫，我發現下述問話通常會有幫助。「告訴我，我今天說什麼話會是最理想的情形。我到底要說什麼話，才能使你覺得好一點？」我當然不是對著病人的理智說的，而是針對病人內心屬於小孩的部分，要求不受拘束的自由聯想。

對這樣的問題，有位病人告訴我：「我希望你告訴我，我是全世界最美麗、最完美的小寶寶。」我完全照她的要求說，然後一起檢視我的話所具有的撫慰效果，以及其他浮現的感受。她對自己孩子般的願望感到不好意思，對於必須告訴我該說什麼非常惱怒。這種自我撫慰的練習會產生某種矛盾，一方面病人進入一種幼小、依賴的心理狀態，要求治療師說出魔法般具有慰藉作用的話，可是同時又被迫採取自主的立場，創造剛好能撫慰自己的話。

68 成為愛情劊子手

不要挑戰愛情，就好像不要挑戰強烈的宗教信仰一樣，兩者都是你無法打贏的。

我不喜歡治療戀愛中的病人，可能是出於妒忌——我太渴望這種令人陶醉的感覺，也可能是因爲愛情和心理治療兩者基本上是不相容的。好的治療師要對抗黑暗、尋找光明，而浪漫的愛情是靠神祕的面紗來支撐的，一經檢視就會破滅。我討厭當愛情劊子手。

有個矛盾的現象，雖然我在《愛情劊子手》的故事中，一開頭就說明自己不喜歡治療戀愛中的人，可是，許多戀愛中的人卻因為那篇故事而來找我治療。

當然了，愛情有許多種形式，以上那段話只是指一種特別的愛情經驗。被熱戀沖昏了頭，整個人都處於極度著迷的心理狀態。

一般說來，這種經驗是非常美好的，可是迷戀有時會造成煩惱多於快樂的情形。有時愛情是永遠不可能有結果的，比如有一方或雙方已經結婚，而且不願離婚；有時愛情是沒有回報的，比如一方愛上對方，可是對方不願交往，或是只想要有性關係；有時被愛的一方是遙不可及的，比如老師、以前的治療師、配偶的朋友。一個人常常因為深陷愛情，一直期待看見對方一眼，而忽略其他的人事物——工作、朋友、家人。外遇的人可能避開配偶、逃避親密，以便隱藏祕密，也可能會拒絕接受伴侶治療，或是故意使婚姻關係惡化，以減輕罪惡感，使外遇合理化。

不論有多少種可能的情況，戀愛的經驗都是一樣的——把對方理想化，一心一意思念對方，除了與對方快樂地共度餘生以外，再也別無所求。

想要和戀愛中的病人發展出同理的關係，就必須看見他們的經驗確實非常美好的事實。狂喜極樂的融合感，寂寞的「我」消融到陶醉的「我們」之中，可能是病人一生最美妙的經驗。一般說來，明智的做法就是表達你對他們心理狀態的欣賞，克制自己不要批評圍繞著情人的美好感覺。

尼采對這種兩難處境的描寫，無人出乎其右，他從對莎樂梅的激情（但沒有性關係）中「清醒」過來之後，寫下：

> 有一天，一隻麻雀從我身旁飛過；而……我認爲自己看到的是老鷹。全世界都急著證明我錯了，全歐洲都爲此蜚短流長。誰的情形比較好呢？是我，那個被人稱爲受矇騙的人，因爲這隻鳥的呼喚而整個夏天都活在充滿希望的崇高世界；還是那些沒有被欺騙的人呢？

所以我們必須小心處理可以使人活在「充滿希望的崇高世界」的感覺，欣賞病人的癡迷，也幫助他對愛情的結束做好心理準備，而愛情是必然會結束的，浪漫愛有一個真實的特性，永遠不會久留——「短暫」正是迷戀的愛情狀態的本質，但要讓它提早結束的話，可要小心了。不要挑戰愛情，就好像不要挑戰強烈的宗教信仰一樣，兩者都是你無法打贏的。（戀愛和宗教狂喜的經驗有許多相似之處，曾有病人把愛情比喻成他在西斯廷教堂【譯註：梵蒂岡的教堂，以米開朗基羅及其他藝術家的天頂畫和壁畫著稱】的狂喜狀態；另一位病人則把愛情描寫成神聖不朽的狀態。）要有耐性，讓案主自己發現自己非理性的感情，或是對情人的理想幻滅，並表達那時的感受。在病人真的有任何這一類的表白時，我會牢牢記住病人的話，在他再度熱戀並再次將情人理想化時，我可能會用他之前所說的話來提醒他。

探討愛情經驗時，我的做法就像探討任何強烈的情緒狀態一樣。我會這麼說：「你一定覺得很棒……就好像再次活過來一樣，不是嗎？不難了解你為什麼不願放棄這種感覺。我們來看看現在是什麼讓你有這種體驗？……談一談你在這件事發生之前幾個星期的生活。你上次有這種戀愛的感覺是什麼時候的事？那次戀愛的結果怎麼樣？」

把焦點放在戀愛的狀態而不是戀愛的對象，是有益處的，因為令人無法自拔的是戀愛的經驗，是戀愛的情緒狀態，而不是戀愛的對象。尼采有句名言：「人愛上的是自己的欲望，而不是所欲的對象。」這句話在我所治療為情所苦的病人身上，可以得到證明。

既然大部分人都知道（雖然他們試著不想知道），戀愛的經驗不會永遠持續下去，所以我試著溫和地提出一些長遠的看法，並勸阻病人根據終將逐漸消失的感覺做出無法挽回的決定。

要在會談早期訂下治療的目標，病人尋求的是什麼樣的幫助？顯然病人的經歷必然有某些問題存在，否則他不會來找你。病人是不是想請你幫助他離開這個關係？我常常引用天平的比喻，來比較這個關係所帶來的快樂和不快樂何者為多，有時可以用計分表來比較兩者，我會請病人每天根據幾個觀察點來做記錄，算一算每天用多少時間思念情人，甚至算出一天花幾分鐘或幾小時在這件事。病人有時會對計分表感到震驚，發現自己有多少生活浪費在反覆的想法上，卻沒有多少時間用來參與真實的生活。

有時我會藉著討論愛情的本質和各種形式，試圖提供病人洞察力。佛洛姆的不朽著作《愛的藝術》(*The Art of Loving*)，對病人和治療師都是寶貴的資源。我常常想到，成熟的愛是愛對方的本質和成長，而大部分案主都會贊成這個觀點。那麼，他們愛的本質是什麼呢？他們是否打從心底裡並不尊重所迷戀的對象，或是對方對他們根本就不好呢？當然了，很不幸的是，有些人的愛情會因為對方對他們不好而更強烈。

如果他們希望你幫助他們脫離這種關係，你最好提醒他們（以及你自己），脫離的過程是艱難而緩慢的。偶爾有人幾乎立刻就擺脫迷戀，好像《仲夏夜之夢》的人物脫離魔法一樣快，可是對大多數人來說，會因為思念情人而痛苦好幾個月，有時要數年甚至數十年之久，才能在看到或想到對方時，不覺得有思念的痛苦或緊張的感覺。

化解的過程並不是穩定的，可能會有舊情復燃的情形，而舊情復燃幾乎都是出於與情人再次相遇，病人會對新的接觸提出許多強辯的理由。他們堅稱一切已經結束，和舊情人真摯的對談、喝杯咖啡、吃頓午餐，有助於釐清事情，幫助他們了解是哪裡出了差錯，可以建立持久的友誼，甚至可以讓他們像成熟的人一樣好好分手。這些情形都不太可能發生。一般說來，這都代表病人的恢復受挫，就好像戒酒的人又開始喝酒一樣。

不要因為舊情復燃而覺得洩氣，有些迷戀的情形註定要持續好幾年，這無關乎意志薄弱，而是迷戀的經驗碰觸到病人內心深處的東西。試著了解那個人內心世界有什麼東西扮演決定性的角色，才會著迷至深。我相信人們常常用迷戀來逃避更痛苦的想法。或早或晚，我希望能向病人提出這個問題——如果你沒有對某人著迷的話，會去想什麼事情？

69 詢問病史

一旦治療師的經驗夠豐富，就很少在心理治療中遵循有系統的詢問清單，而是根據直覺自然而然地蒐集資料，並不是先蒐集資料再進行治療，而是成爲治療的一部分。

學習心理治療的學生，在剛開始接受訓練時，會學習某些有系統詢問病史的架構。這些架構必定包括病人目前的不適（主訴）、發病的過程（現在病史）和過去的歷史（包括家族史、教育程度、身體健康情形、曾經接受過什麼治療、交友的情形等等）。一步一步蒐集資料的方法顯然有其優點。例如，醫生被訓練要避免在詢問病史和檢查病人身體時有所疏失，都會以非常固定的程序對全身器官做有系統的檢視（神經系統、消化系統、泌尿生殖系統、心臟血管系統、肌肉骨骼系統）。

治療實務中有些情形需要以這種有系統的方法來蒐集病史。例如，在第一次伴侶治療的會談中，想要盡快了解病人的生活背景；次數受限的諮商；或是必須趕快蒐集資料，以便簡要地向同仁報告病例。不過，一旦治療師的經驗夠豐富，就很少在心理治療中遵循有系統的詢問清單，而是根據直覺自然而然地蒐集資料，並不是先蒐集資料再進行治療，而是成為治療的一部分。就如艾瑞克森所說的「詢問病史就是在創造歷史。」

70 詢問病人每日的時程

對瑣碎平凡活動的熱烈討論，能很快增加治療師和病人間的親密感，而這是改變的過程必備的條件。

我除了信賴以直覺的方式來蒐集資料，也常在頭一、兩次會談中提出一個特別有用的要求：「請給我一份日常生活的詳細紀錄。」

我會確保每一件事都經過討論，包括吃飯和睡覺的習慣、做夢、休閒、不舒服和快樂的期間、工作的確切任務、酒精和藥物的使用，甚至包括喜歡看什麼書、電影和電視。如果問得夠仔細，治療師就能得到許多資料，而這些資料多半是其他詢問病史的架構會忽略的部分。

我傾聽許多事情。如飲食的習慣、藝術的偏好、休閒時間的活動。我特別會注意病人的生活中有些什麼人，他們和誰有固定的接觸；他們經常見到什麼人；他們會打電話找誰聊天，或是和誰私下談話；和誰一起吃飯。

例如，最近有幾個病人都是在初次會談中，以這樣的詢問方式了解平常可能用幾個月都還不知道的事——每天有兩個小時獨自玩電腦；每天晚上有三個小時以不同的身分進入網路的色情聊天室；工作大幅落後而招致難堪的狀況；一天的時間表排得滿滿的，我光用聽的就覺得快累死了；一位中年婦女長期每天（有時每隔一小時）打電話給父親；一位女同性戀者每天打電話和前任情人聊很久，她並不喜歡對方，卻覺得無法分手。

詢問病人生活的瑣碎細節，不但能得到平常會忽略的豐富資料，也能快速展開建立關係的過程，這種對瑣碎平凡活動的熱烈討論，能很快增加治療師和病人間的親密感，而這是改變的過程必備的條件。

71 病人的生活中有些什麼人

把病人畫在紙上的中心位置，生活中的其他人則以不同距離環繞四周，愈接近中心的人表示有愈重要的關係。

關於人際關係有個重要的研究，心理師魯斯蘭・約瑟生（Ruthellen Josselson）以「太陽系」為類比的工具，把病人畫在紙上的中心位置，生活中的其他人則以不同距離環繞四周，愈接近中心的人表示有愈重要的關係。她的研究追蹤數年的期間，觀察環繞四周的人位置的改變。這個工具在每日的臨床運用上可能顯得太過麻煩，卻是絕佳的模型，可以看清一個人的人際模式。

我剛開始接觸一位病人時，最主要的任務之一就是了解病人在生活中與哪些人有接觸。這些資訊大部分可以從核對病人每日的時程得知，但我還會詳細詢問病人生活中所有重要的人，以及最近具代表性的一天中所有人際間的接觸。我發現詢問病人過去和現在生活中有哪些最要好的朋友，也會得到很多資料。

72 與重要他人會談

一旦我見到重要的他人活生生地在我眼前，我就能更了解病人的生活，與病人有更豐富的相會。

和病人生活中重要的人物（一般是配偶或伴侶）會談，必然會有所收穫。事實上，在這種會談結束時，我幾乎都會納悶：「我怎麼等到現在才和他們談呢？」或是：「我為什麼不常常這麼做呢？」每當我聽到病人描述重要的他人時，就會在心中想像他是什麼樣的人，而常常忘記我的資訊是受到極大扭曲的，因為這是透過病人不完整而帶有偏見的眼睛得來的資訊。但是，一旦我見到重要的他人活生生地在我眼前，我就能更了解病人的生活。由於我都是在特殊場合見到病人的伴侶，所以我知道自己並不能真正「看清」他，但重點不在這裡，重點在於我對這個人的印象，可以讓我與病人有更豐富的相會。此外，病人的伴侶也可能提供新的觀點和重要的資訊。

當然了，重要他人受到邀請去見治療師時，會有受威脅的感覺，認為病人找來的治療師基本上會忠於病人，這是可以理解的。不過，還是有方法可以減輕威脅的感覺，可以用這樣的方式指導病人，通常能有效地說服伴侶來會談。

「約翰，請告訴某某人，她可以讓我對你更有幫助。我想知道一些她對你的反應，特別是她希望你有所改變的部分。我並不是要盤問她什麼，而是想和她討論她對你的觀察。」

我建議會談就要以這種方式進行。由於我不希望病人覺得我們談了什麼他不知道的祕密，所以在與重要他人面談時，我都會讓病人在場，讓配偶說出自己對於病人的改變有什麼想法或建議，而不是針對配偶來會談。從配偶給你回饋的方式，就可以對病人的配偶有足夠的了解。

我也要勸你們不要把這次會談變成伴侶治療。在你基本上是忠於夫妻一方的情形下，你對其中一人有治療的義務，就不適合治療夫妻雙方。在你已經得到其中一方許多需要保密的資訊時，還試圖做伴侶治療的話，你必然很快就會有隱瞞和欺騙的行為。最好由另一位治療師來進行伴侶治療，他才能公平地忠於雙方。

73 探討以前的治療

不要期待這些關於治療成功或失敗的說法會持續不變，當病人對過去事件的觀點改變時，他們的說法通常也會跟著改變。

如果我的病人以前接受過治療，我會詳細詢問他們的經驗。如果治療不符合病人的要求，他們幾乎都會歸咎於前任治療師不夠投入，他們會說那位治療師太疏離，不夠專注，太缺少支持，太沒人情味。我還沒聽過哪一個病人抱怨治療師坦露太多，太過支持，或是過於投入的（唯一的例外是病人和治療師之間涉及性的情形）。

一旦你知道前任治療師的錯誤，就會試圖避免重蹈覆轍，不時以簡單直接的詢問來核對，以明確表達你的態度。例如：「麥可，我們已經會談四次，也許我們應該核對彼此做得怎麼樣。你曾談到你對前任治療師的感覺，我想知道自己有沒有同樣的情形，你是否曾對我有過類似的感覺，或是我們好像快落入類似的無效模式？」

如果病人過去接受過成功的治療（卻因為某種原因無法繼續接受同一位治療師的治療），我相信探討那時的治療好在哪裡，以便把這些部分整合到你現在的治療也是很重要的。不要期待這些關於治療成功或失敗的說法會持續不變，當病人對過去事件的觀點改變時，他們的說法通常也會跟著改變。有時病人可能會對原來被他批評得一無是處的治療，又想起一些正面的效果。

74 我們都有陰暗面

願意接受自己的所有陰暗面、不光彩的部分，在適當的時候分享出來，就能使病人不再爲了自己眞實或想像的罪過而自責。

對於我第一次接受精神分析時躺在診療椅上的七百個小時，我還記得什麼呢？我的精神分析師奧莉薇・史密斯（Olive Smith）是位安靜、有耐性的傾聽者，我對她最鮮明的記憶，就是有一天我在批判自己因為可能從父母過世得到遺產而有的貪念，當我盡其所能地批評自己時，她突然不尋常地發表看法，用一句話減輕了我的罪過，她說：「我們都是這樣的。」

我記得的不只是她向我伸出安慰之手（雖然我欣然接受這個部分），也不是她把我的卑鄙衝動視為正常。不，都不是這些，而是「我們」這兩個字，「我們」代表她和我是一樣的。也就是說，她也有自己的陰暗面。

我珍視她的禮物，也多次把這個禮物傳遞出去。我盡我所能地讓病人知道他們的邪惡衝動是正常的。我模仿奧莉薇・史密斯運用「我們」，我指出某些感受和衝動是普遍存在的，我介紹病人閱讀適合的文章（例如，就性欲而言，我會推薦《金賽性學報告》、《馬斯特與瓊森的性學報告》，或是《海蒂報告》。）

我們（治療師）要努力以任何可能的方式從正常的角度來看陰暗面，必須願意接受自己的所有陰暗面、不光彩的部分，在適當的時候分享出來，就能使病人不再為了自己真實或想像的罪過而自責。

有一次，我稱讚一位病人照顧兩個小孩的方式，她顯得非常不舒服，嚴肅地說她要告訴我一些從來不曾與人分享的事，就是在生下老大時，她有一股強烈的衝動想走出醫院，拋棄剛出生的嬰兒。因為她雖然想當媽媽，卻又覺得捨不得放棄多年來自由的生活。我說：「有哪一個媽媽或爸爸不曾有過這種感受呢？雖然我愛我的孩子，卻不知道有多少次，我為了他們妨礙我生活中其他的工作和興趣而滿心怨恨。」

著名的英國精神分析師溫尼考特非常勇於分享自己的陰暗衝動。我有位同事在治療病人時，如果談到對子女的怒氣，常常引用溫尼考特的文章，其中列出母親為什麼厭恨小寶寶的十八個理由。溫尼考特還引述母親對小孩唱的搖籃曲，有些充滿了敵意，還好小寶寶聽不懂歌詞的意思。例如：

乖乖睡，小寶寶，在樹梢，
當風吹，搖籃搖啊搖，
樹枝斷，搖籃掉下來，
小寶寶，和搖籃，全部掉下來。

75 佛洛伊德也有對的時候

佛洛伊德並不是獨力發明心理治療專業，但心理治療卻因爲他而一下子就出現了。佛洛伊德定出了心理治療專業的基石。

批判佛洛伊德已經成為一種流行。當代讀者必然會讀到毫不容情的批評，認為精神分析理論是環繞舊文化的過時產物。精神分析還被批判為根據過時的科學典範而有的偽科學，近代在夢的神經生物學與精神分裂症、情感性疾病的基因研究進展，已經使精神分析黯然失色。批評家甚至斷言精神分析是父權觀念作祟、對人類發展的空談、充滿了性別歧視，而且建構在受到曲解的病例，以及不正確甚至出於想像的觀察。

這種批評是如此普遍而惡毒，以致於連心理治療的訓練計畫都受到影響，整個世代從事心理衛生的專業人員都學到用一種批判而完全盲目的觀點，來看待建立心理治療基石的佛洛伊德思想。

容我提出一個思考實驗。想像你因為一段失敗的關係而陷入絕望，滿腦子都是憎恨、貶低那位女性的想法，而你在過去幾個月中一直覺得她很完美，你無法不去想她，你覺得深受傷害，幾乎活不下去，心裡在考慮自殺——不只是結束自己的痛苦，也懲罰那位造成這一切的女人。雖然朋友努力安慰你，卻都沒有用，你還是陷在絕望之中。你下一步會怎麼做？

大多數人會考慮找心理治療師，你的症狀——憂鬱、憤怒、強迫性思考——都表示你不但需要治療，而且會從治療獲益良多。

現在試試看把這個實驗做一點改變。想像你有相同的症狀，卻是在一百多年前，比方說一八八二年，你住在歐洲中部。你會怎麼做呢？這正是我在幾年前寫《當尼采哭泣》這部小說時所面對的挑戰。小說的情節安排尼采在一八八二年去見一位治療師（尼采在那一年因為結束與莎樂梅的關係而深陷絕望之中）。

可是誰能當尼采的治療師呢？根據許多歷史的研究，在一八八二年（僅僅一百二十年前）還沒有這種人。如果尼采轉向醫師求助，必然會被告知失戀並不是醫學問題，並勸他到溫泉勝地休息一陣子，或是轉介給具有同情心的牧師，接受宗教輔導。非關宗教的治療師呢？一個也沒有！雖然李伯特（Liebault）和博奈（Bernheim）在法國南錫有間催眠治療的學校，但他們只以催眠移除症狀，並沒有提供心理治療。那時非宗教的心理治療專業還沒有開發出來，要等到佛洛伊德出場，而他在一八八二年還只是個實習醫生，並未進入精神醫學的領域。

佛洛伊德並不是獨力發明心理治療專業，但心理治療卻因為他而一下子就出現了。他在一八九五年與布雷爾（Josef Breuer）共同發表《歇斯底里症的研究》，他驚人而有先見之明地寫了一章心理治療，揭示了未來一百年發生的許多重大進展，佛洛伊德定出心理治療專業的基石——洞察力、深入自我探索與表達的價值；抗拒、移情、潛抑創傷的存在；夢和幻想的運用，角色扮演，自由聯想；除了症狀以外，還需要處理性格的問題；信任的治療關係的絕對必要性。

幾十年來，為了幫助治療師學習上述所談的東西，我在史丹福大學開了一門鑑賞佛洛伊德的課程。在課程中，我強調兩點，要閱讀佛洛伊德本人的文章（而不是二手資料），還要了解他那時的歷史背景。

對於無法把自己的觀念寫得清楚易懂（或是刻意選擇模糊）的思想家，讀者可以借助於改寫過的通俗作品，例如哲學家有黑格爾（Hegel, 1770-1831）、費希特（Fichte,

1762-1814，德國唯心主義哲學家）和康德（Kant），心理治療領域中則有蘇利文、費尼謝爾（Fenichel）、費爾貝恩（Fairbairn）。但絕不是佛洛伊德，雖然他沒有因為科學貢獻而贏得諾貝爾獎，卻因為文學成就而得到歌德獎，佛洛伊德的原文是閃耀光芒的散文，即使是譯文也還看得出其文采。

我在授課時會特別針對他的第一本著作《歇斯底里症的研究》、《夢的解析》的選文，和《性學三論》，並勾勒出當時的歷史背景，也就是十九世紀末心理學的時代思潮，好讓學生了解他的洞見造成多麼大的變革。

還有一點。我們不應該根據不同佛洛伊德學派精神分析中心所提出的立場，來評斷佛洛伊德的貢獻。許多佛洛伊德的追隨者渴求某種儀式化的正統做法，許多精神分析中心採納保守而停滯的觀點，卻完全沒有保留他不斷變化的創意和革新的傾向。

我在自己的專業發展過程中，覺得傳統精神分析訓練中心非常矛盾，當我年輕時，傳統的精神分析立場似乎過度強調洞察力的重要，特別是關於性心理發展問題的洞識，卻對治療過程中人與人相會的重要性一無所知。（狄奧多．芮克〔Theodor Reik〕寫道：「讓許多精神分析師最感到害怕的，莫過於使用『我』這個字。」）結果我選擇不進入精神分析中心，回顧自己的生涯，我覺得這是自己一生中所做過最好的選擇。雖然我面臨許多專業上的孤立感和不確定性，卻有追尋自己興趣和不受限於成見來思考的自由。

現在，我對精神分析傳統的觀感已經有很大的改變。雖然我不喜歡許多精神分析機構化的外表和意識形態的立場，可是這些機構常常是某個城市唯一有搞頭的地方，是心理治療領域中唯一有最好、最聰明的臨床人士認真討論心理動力技術問題的地方。此外，依我的看法，精神分析理論和實務近年來有很好的發展。也就是說，精神分析對主體之間（intersubjectivity）和兩人心理學的關注和文獻都快速地成長，表示對改變過程中基本的人與人相會所占的重要角色，有了嶄新的體認。先進的精神分析師在與病人的關係上，也致力於更多的真誠與坦露。

隨著管理式照護鼓勵較短期的訓練（由此削減治療師的報酬，以降低開銷），治療師愈來愈需要額外的臨床訓練，精神分析中心（廣義來說包括佛洛伊德學派、榮格學派、人際學派和存在學派）顯然提供了大部分細膩完整的心理動力治療在職訓練。此外，機構文化藉著提供志趣相投者共組的社群，由一群同僚共同面對相似的知性與專業挑戰，可以彌補治療實務中的孤立感。

也許我過於危言聳聽，可是依我的觀察，近年來許多對心理治療領域持續不斷的攻擊，有可能使精神分析中心成為最後的堡壘，保存集體的心理治療智慧，就好像教會曾有數個世紀之久，是哲學智慧的寶庫，是唯一能討論嚴肅的存在問題（生活的目的、價值、倫理道德、責任、自由、死亡、社會、連結）的地方。精神分析中心與過去的宗教機構有相似之處，重要的是我們不要重蹈某些宗教機構的覆轍（壓制其他思想豐富的論述，規定思想家必須思考什麼內容）。

76 認知行為治療真有那麼好？

在實證中獲得效度的治療，這個觀念最近對心理治療界造成莫大的衝擊，而且到目前爲止都是負面的影響。

EVT（empirically validated therapy）的意思就是在實證中獲得效度的治療，這個觀念最近對心理治療界造成莫大的衝擊，而且到目前為止都是負面的影響。只有治療得到實證上的效度（事實上，這意思就是單指短期的認知行為治療，cognitive-behavioral therapy，簡稱CBT），才能得到許多提供管理式照護的機構批准運用。提供碩士和博士學位的心理學研究所已經修改課程，全神貫注於教授EVT；證照考試也要求心理師必須以EVT的知識為優先；重要的國家心理治療研究基金管理機構，也鍾情於EVT的研究。

所有這些發展都造成許多經驗豐富的治療師無所適從，他們每天都要面對堅持使用EVT的管理式照護行政人員。資深治療師看見有如排山倒海而來的科學證據「證明」他們的方法不如資淺（而且廉價）的治療師有效，後者以手冊式的認知行為治療，在極短時間就能見效，他們心知這是不正常的，懷疑其中另有隱情，卻無法提出證據確鑿的回應，只好收起號角，試著繼續做自己的工作，期望夢魘能夠過去。

最近一些小型研究的報告恢復了一些平衡（我主要取材自魏斯頓〔Weston〕和摩里森〔Morrison〕傑出的總評和分析）。首先，我要強烈要求治療師牢記，缺乏效度（nonvalidated）的治療並不是無效（invalidated）的治療，如果研究想要得到經費，就必須有不受其他因素干擾的設計，好像測試藥物效力的研究一樣，這種設計要求包括「乾淨」的病人（也就是指病人只有單一疾病，沒有其他類別疾病的症狀，這種病人在臨床實務中實在非常少見），短期的治療措施，還要有可以重複、最好能寫成手冊的治療模式（也就是可以把治療過程簡化成一個步驟接著一個步驟的書面手冊）。這種設計非常偏袒認知行為治療，而排斥大部分的傳統治療，後者需要在真誠中培養親密的治療師—病人關係（這是無法照本宣科的），而且要把焦點放在自然發生的此時此地。

EVT研究中有許多錯誤的假設：長期問題可以靠短期治療解決；病人只有一個明

確的症狀，可以在治療一開始就準確地描述；有效治療的因素與彼此的關係無關；有系統、步驟清楚的書面手冊可以讓只受過一點點訓練的人有效地進行心理治療。

根據魏斯頓和摩里森的文章，分析EVT的結果，顯示其效果遠比一般所以為的要來得差，很少有人追蹤一年後的結果，根本沒有人追蹤兩年後的結果。接受EVT初期所見到的正面反應（這是任何一種治療方法都有的現象）扭曲了大家對療效的看法，其效果並不能維持下去，保持改善的病人比例也偏低。根本沒有證據顯示治療師照著手冊治療與病情改善有什麼關聯，事實上，還有證據顯示恰恰相反。整體說來，EVT研究所獲得的肯定根本就遠超過科學證據的支持。

關於EVT臨床實務的寫實研究，顯示其短期治療並不是真的那麼短期。運用短期EVT的治療師，在治療病人時所耗費的時間遠超過研究報告所說的時間。研究指出，急性的問題可以很快就得到減輕，而慢性的問題則需要很長的時間，而個性的改變需要最長期的療程，這種結果一點也不令人驚訝。

雖然有點戲謔，但我忍不住想再提出一點，雖然只是根據傳聞，但我憑直覺非常相信這件事，就是EVT的治療師需要接受心理治療的幫助時，並不尋求短期的認知行為療法，而是去找受過高度訓練、富有經驗、重視心理動力、不根據手冊治療的治療師。

【第四部】

夢的運用

夢可以是有效的治療中無價的工具，

夢代表病人深處問題的敏銳敘述，

只是使用不同的語言，

一種視覺意象的語言。

77 夢是很值得運用的工具

老練的治療師總是信賴夢，佛洛伊德認爲夢是「通往潛意識的主要道路」。

為什麼許多年輕的治療師不敢處理夢呢？許多由我督導的人給我各種不同的答案。有些人是被夢的文獻資料嚇到了——不但汗牛充棟、錯綜複雜、晦澀難解，而且多半是不確定的推測，引起許多爭議。學生常常對書中所談夢的象徵迷惑不解，並且被佛洛伊德學派、榮格學派、完形心理學家和空想家之間尖酸刻薄的辯論弄得無所適從。此外，最近快速新增了許多夢的生物學研究文獻，有些支持夢的工作，有些卻對夢工作大表輕視，認為夢只是隨機而無意義的產物。

有些人則只是因為夢的表現方式而挫折洩氣——夢的本質就是短暫、隱密、誇張而極度掩飾真相的。還有些人在管理式照護制度下受命進行短期治療，根本沒有時間處理夢。最後一點，可能也是最重要的一點，許多年輕治療師根本沒有接受過夢工作治療的探索經驗。

我認為，忽略夢的現狀對病人實在是極大的不幸和損失。夢可以是有效的治療中無價的工具，夢代表病人深處問題的敏銳敘述，只是使用不同的語言，一種視覺意象的語言。老練的治療師總是信賴夢，佛洛伊德認為夢是「通往潛意識的主要道路」，雖然我同意他的話，但這並不是我認為夢如此有用的主要原因，我將在接下來的幾篇文章中詳細討論。

78 對夢做徹底的解釋？算了吧

我對夢採取務實的做法，只要能促進治療，就會盡量運用夢。

年輕治療師對夢工作的誤解中，最棘手的就是認為必須徹底而精確地解釋夢，這種想法對心理治療實務毫無益處，我都勸學生要放棄這種看法。

佛洛伊德在劃時代的巨著《夢的解析》（1900 出版）中，做了勇敢而著名的嘗試，想要徹底解釋夢。他在書中詳細分析一個自己的夢，而這個夢是關於一位叫做艾瑪（Irma）的女性，她被他轉介給友好的同事接受手術治療。自從出版關於艾瑪的夢之後，許多理論家和治療師都對這個夢有進一步的解釋，即使到現在，已經過了一百年，精神分析文獻還是不斷對這個夢提出新穎的觀點。即使有可能徹底解釋夢，對治療會談而言，仍然不見得是好的做法。在我自己的工作中，我對夢採取務實的做法，只要能促進治療，就會盡量運用夢。

79 恣意搜刮夢境

我走進一間百貨公司，想買下旅行所需要的所有物品，卻找不到幾樣東西，它們放在地下層，於是我走下樓梯，可是樓梯又暗又會搖晃……

我對待夢的基本原則就是從中提取任何可以促進和加速治療的事，恣意搜刮夢境，從中取出看起來有價值的每一樣東西，不要為應該丟棄的糟粕而煩惱。我以一位病人在第一次接受治療後所做可怕的夢為例：

「我還在唸法學院，卻在公開、龐大而擁擠的法庭審理一個案子，我仍然是個女人，頭髮卻修剪得很短，身上穿著男人的服裝和長筒靴。我父親穿著一身白長袍接受審判，而我則是指控他犯下強暴案的檢察官。那時我知道這是自找死路，因爲他最後一定會爲了我加諸於他的事，跟蹤我然後把我殺死。」

這個夢使她在凌晨三點驚醒，由於夢太可怕、太真實，她害怕可能有人入侵，趕緊起身檢查房間所有門窗是否上鎖。即使在幾個鐘頭後她告訴我這個夢時，還會覺得恐懼。

治療時該如何搜刮這個夢呢？首先要考慮做夢的時機。由於我們才剛開始治療，我的首要任務是培養強而有力的治療聯盟，所以我對夢的詢問和評論，基本上都放在治療情境中與保證和安全有關的部分。我提出諸如此類的問題：「你怎麼解釋審判父親的情形？我很想知道，有沒有可能和你在第一次會談中向我談到他有關。在這間辦公室中自由表達你自己，會不會讓你覺得不安全？你對法庭公開而擁擠的情形有什麼想法？會不會擔心或懷疑我們的會談不能保守你的隱私和祕密？」

請注意，我並沒有試圖解釋這個夢，也沒有詢問夢中許多稀奇古怪的地方——她的性別混淆、她的服裝、父親的白袍、父親被控告強暴。我會把它們做個記號保留起來，也許在日後的會談再回頭來談夢中的意象，但是在治療的初步階段，我有其他需要優先考慮的事：比如信賴感、安全感和守密，我必須注意治療的架構。

還有一位病人在與我第一次會談之後的晚上做了這個夢：

「我走進一間百貨公司，想買下旅行所需要的所有物品，卻找不到幾樣東西，它們放在地下層，於是我走下樓梯，可是樓梯又暗又會搖晃，非常可怕。我看見一隻蜥蜴，很好，我喜歡蜥蜴，牠們很頑強，經過了幾億年都沒有改變。之後我走上樓找我的彩虹色汽車，卻發現它不見了，有可能是被人偷走了。接著我看到妻子在停車場，可是我雙手拿了好幾個袋子，沒辦法趕到她身邊或是向她揮手。我父母也在場，可是他們成了侏儒，還試圖在停車場升起營火。」

病人是一位刻板、不會內省的四十歲男性，已經抗拒治療很久了，直到妻子威脅他再不改變就要離開他，才同意找我治療。他的夢顯然受到開始接受治療的影響，接受治療常常在夢中以旅行來表示。他覺得還沒有準備好治療的冒險，因為有些他需要的東西在地下室（也就是他的深處，他的潛意識），可是那裡對他來說是困難而詭異的地方（樓梯很暗、可怕、會搖晃）。此外，他還抗拒治療的冒險——他欣賞上億年都不改變的蜥蜴。也可能他正猶豫要不要改變——他的車子是奇異的彩虹色，而他又找不到車子。

在治療的初期，我的任務是什麼呢？幫助他投入治療，並幫助他克服對治療的抗拒。所以我只把焦點放在夢中與初次接受治療有關的部分——旅程的象徵、他沒有做好準備、能力不足的感覺、陰暗搖晃的樓梯、走下樓，以及蜥蜴。我沒有詢問夢的其他部分，比如他的妻子、他無法與妻子和父母溝通的情形、變成侏儒的父母在停車場點火。這些部分並不是不重要，我們在日後的會談會花很多時間來探討他與妻子和父母的關係，但不是在第二次會談中討論，這時有其他更需要優先處理的主題。

這個夢順帶說明佛洛伊德在《夢的解析》中描述到的現象，請注意這個夢處理的幾個抽象觀念——接受心理治療、害怕探索個人的潛意識、能力不足的感受、是否要改變的不確定感。可是夢除了極少數以聽覺經驗來表現以外，幾乎都是視覺現象，所以心靈在製造夢時，必須找出把抽象觀念轉化成視覺形式的方法（旅行、通往地下室的搖晃樓梯、蜥蜴、彩虹色的汽車）。

還有一個臨床實例。一位四十五歲的男性，因為妻子在四年前過世而深陷哀傷，他做了許多夢，並在每次會談中談到漫長、複雜而引人注目的夢，所以我必須加以分類。因為時間不夠，無法探究所有的夢，所以我必須選擇有助於治療他長期過度哀傷的夢來處理。以兩個夢為例：

「我在夏日度假小屋，太太也在，但是模模糊糊的，只隱約出現在背景裡。房子的屋頂與眾不同，是草皮做的，從中長出高高的柏樹，那棵樹很美，但危及整棟房子，我必須砍掉它。」

「我在家裡修理天花板，想放一些裝飾品上去，忽然有大地震，可以看到遠方城市搖晃的輪廓，有兩棟相同的摩天大樓倒了下來。」

這些夢顯然與他的哀傷有關，他把「草皮」和天花板的「裝飾品」聯想成太太的墓地和墓碑。人的生活在夢中被描繪成房子的情形並不少見，妻子的死亡和他無盡的哀傷被具體化成柏樹，危及整個房子，所以他必須砍掉它。第二個夢中，地震代表妻子的死亡，導致兩棟相同的摩天大樓（結為連理的兩人）倒塌（這個夢剛好發生在恐怖分子攻擊世貿大樓之前幾年）。我們在治療中處理的問題包括，讓他接受比翼連理的生活已經不復存在，他的妻子過世已成事實，他必須放下這些，逐漸和妻子分離，重新投入生活。他的夢所提供的強化作用在治療中非常有用——夢代表他內在智慧泉源捎來的訊息，告訴他把柏樹砍倒，回歸生活的時候已經到來。

有時病人夢境中意象的力量是如此強而有力，由多重因素來決定，有太多層面的意義，以致於久久迴盪在我心中，我會在接下來的療程中一次又一次談到這個夢。例如：

「我在自家陽台，透過窗户看著坐在書桌前的父親，我走進去請他給我汽車的油錢。他伸手到口袋裡，在拿出許多鈔票給我時，指著我的錢包，我打開錢包發現裡面已經塞滿了錢。我接著說油箱已經空了，他走出去，來到我的車子旁，指著油表，指針顯示油是滿的。」

這個夢的主題是空虛與完滿，病人想從父親身上得到某種東西（也想從我身上得到，因為夢中的房間很像我辦公室的擺設），卻說不出她想要什麼東西。她要求錢和汽油，可是她的錢包已經塞滿了錢，油箱也是滿的。這個夢描寫出她瀰漫著空虛感，而且相信如果問對了問題，我就有能力填滿她，因此她一直渴望從我身上得到某些東西，讚美、寵愛、特殊待遇、生日禮物，卻又知道目標不是這些東西。我在治療中的任務是重新引導她的注意力，從來自別人的供給轉移到自己內在豐足的資源。

另一個病人夢到自己有駝背，她研究鏡中的形像，試圖拆掉牢牢附著的駝峰，最後駝峰變成嚎哭的嬰兒，用長長的指甲抓住她，插入背上。內在有個嚎哭而纏擾不休嬰兒的想法，在日後的治療對她產生極大的幫助。

還有一個病人因為需要照顧年邁而苛求的母親，而覺得受到限制，她夢到自己的身體變成輪椅的形狀。

另一個病人因為記不得十歲以前的生活，對自己的過去非常好奇而來接受治療，他夢見自己沿著太平洋海岸散步，發現有條河水倒流離開大海。他沿著河走，不久遇到死去的父親，他是骯髒邋遢、無家可歸的人，正站在一個洞穴的入口。再往前走，他發現祖父也是相同的景況。這位病人當時因為死亡的焦慮而煩惱，夢中河水倒流的意象表示企圖掙脫無法改變的催人歲月，時光倒流卻使他發現死去的父親和祖父仍然活著。他對於家族的衰頹和失敗感到羞恥，而夢開啟了一段重要的治療，處理他對過往的羞恥感，以及重新面對的恐懼感。

還有一位病人做了一個可怕的噩夢：

「我和女兒一起徒步旅行，她突然開始下沉，掉進流沙之中。我趕緊打開背包想拿照相機，卻無法扯開背包的拉鍊，然後她不見了，從我眼前消失。太遲了。我無法拯救她。」

當晚他做了第二個夢：

「我和家人被一位殺過很多人的老人困在一間屋子裡。我們把一些厚重的大門關起來，然後我出去和殺人者談判，他有一張怪異而熟悉的臉孔，穿著好像某種皇室的成員，我說：『我並不想冒犯你，可是在這種情況下，你必須了解我們爲什麼不讓你進來。』」

病人參加一個治療團體，做夢前不久才被幾個成員質問，認為他的功能好像團體的照相機，只觀察卻不參與，也不在團體中坦露自己的感覺。在同一夜，接續的夢用不同的意象語言來表達相同問題的情形並不少見（佛洛伊德把這種夢稱為成對的夢〔companion dreams〕）。就像所有例子一樣，我們把重點放在與當前治療階段有關的部分，在這個例子裡就是缺乏參與和受限的情感，並沒有試圖要完全了解這個夢。

80 掌握夢的領航能力

只要花幾分鐘，想想夢的某某部分，讓你的心思自由飄盪，大聲說出你的想法，想到任何事都說出來。不要審核，不要因爲想法好像很無聊或不合理就不予考慮。

關於處理夢，有一些已經證明很有幫助的方法。首先，要清楚表示你對夢很感興趣，我會在第一次治療時就詢問夢（通常是在了解睡眠型態的背景下問的），特別會問有沒有重複出現的夢、夢魘或其他強而有力的夢。在前一夜或前幾夜發生的夢通常比更久以前的夢有較豐富的關聯。

在第一次會談快結束時，以及在病人準備接受治療時（參見第二十七章），我會談到夢的重要性。如果病人說自己沒有夢或是不記得夢，我會給他們標準的指示：「在床邊放一本記事簿，在早上或是夜裡快速記下你記得的部分。早上醒來時在心裡回想你的夢，最好在睜開眼睛之前回想。不要以為夢境如此鮮明生動，不會忘記，就不把它寫下來。」慢慢進展到後來（有時需要好幾個月），即使最不聽話的病人也會開始回想夢。

雖然我通常不在會談中寫筆記（除了頭一、兩次會談），但是會把病人對夢境的描述寫下來，因為夢常常很複雜，包括許多瑣碎卻意味深長的細節。此外，重要的夢可能會在療程中一再被討論，記錄下來會有助於日後的討論（有些治療師強調要病人再次描述夢，因為兩次描述間的差異可能會提供夢境潛在重點的線索）。我發現要求病人以現在式來重述夢，常常使夢更為生動，讓病人沉浸到夢境中。

我的第一個問題通常是關於夢中的情感，「在夢的不同部分，你體驗到哪些感受？這個夢的核心情緒是什麼？」接著我會敦促病人選出夢的某些部分，對內容自由聯想，或是由我選出可能重要的部分，請他們細細思量。我會指示說：「只要花幾分鐘，想想夢的某某部分，讓你的心思自由飄盪，大聲說出你的想法，想到任何事都說出來。不要審核，不要因為想法好像很無聊或不合理就不予考慮。」

當然了，我會詢問做夢前有沒有發生相關的事（「日間殘留現象」，day residue）。佛洛伊德認為夢會借用日間殘留的事情當基本材料，我覺得這個構想非常有用，但是重要到足以放入夢中的意象，必然是被久遠、有意義、充滿情感的重要之事所強化。

把夢中所有人物當成做夢人的各個面向，有時非常有用。完形治療師波爾斯想出許多有力的夢工作技巧，他認為夢中的每一件事都代表做夢者的某一面，他會請做夢者代表夢中的每一個對象說話。我記得看他有效治療一位男性的情形：病人夢到自己的車子因為火星塞壞掉而無法發動，波爾斯請他扮演夢中的各個部分……車子、火星塞、路人，分別代表他們說話，這個技巧使他發現自己拖延猶豫的狀況，他已經為自己的生活定形，並不想更上一層樓。波爾斯幫助他探索其他未曾走過的道路，以及被他忽視的人生召喚。

81 從病人的夢了解他的生活

我常常藉夢了解各種已從生活中消失的人——叔伯阿姨、最好的朋友、舊日的情人、師長，這些人在病人的生活中占有一些重要的分量，卻已經被病人遺忘。

夢還有一個重要的用途，和潛意識無關，也無涉於解開夢的扭曲或揭發夢的意義。夢好像特別豐富的織錦，由強烈而重要的往事記憶交織而成，光是找出這些記憶，常常就是非常有價值的工作。以這個夢為例：

「我在一間病房裡，護士將一張推床送進來，上面蓋滿舊報紙和一個臉上滿是鮮血的小嬰兒。我問她：『這是誰的寶寶？』她回答：『他被遺棄了。』我把他抱起來，他的尿片滲漏到我全身，我大叫：『我不想要他，我不想要他。』」

病人對夢中兩個充滿情緒的重點（滿是鮮血的嬰兒和她尖叫「我不想要他」），有非常豐富的聯想和深刻的解讀。她對滿是鮮血的嬰兒沉思了一會兒，還聯想到藍黃色的小嬰兒。滿是鮮血的嬰兒使她想起青少年時接受墮胎手術，父母生氣得不理她，除了堅持要她下課後打工，以避免更多麻煩外，還拒絕和她說話。然後她又想起四年級認識的一位女孩，她因為先天性心臟病而膚色泛藍，接受心臟手術後就不見了，再也沒有回到學校。她可能已經死去，可是老師不肯再談起她，使她認為死亡就是在毫無跡象的情形下突然莫名其妙地消失，這個觀念令她好幾年都感到戰慄。「藍色」也代表憂鬱，使她想起長期抑鬱的兩個弟弟。她並不希望有弟弟，為了必須和他們共用房間而感到怨恨。然後她想到「黃色的嬰兒」，她在十二歲得到嚴重的肝炎，在住院的數星期中覺得被朋友拋棄。黃色的嬰兒也讓她想起兒子的誕生，當她看到一出生就患有黃疸的兒子，心裡非常害怕。

夢中另一個充滿情緒的部分（她大叫「我不想要他」），對她也有許多含意。她的丈夫並不希望有孩子，她也覺得母親並不想要她，父親多次坐在床邊極力向她保證父母想要她這個孩子，還有她對兩個弟弟的排斥。她想起十歲時，身為白種女孩，卻就讀於布朗克斯區黑人居多的學校，她在那裡是「多餘的」，常常被別的學生欺負。雖然學校很危險，可是父親身為爭取市民權利的律師，強烈支持取消學校的種族隔離政策，拒絕把她轉學到私立學校，她認為這又是一個父母並不在乎她最佳利益的例證。與治療最相關的部分，就是她覺得我不想要她，她認為自己的需要太多，必須隱藏起來，免得我受不了，不願再為她治療。

若不是她的夢，許多充滿情緒的記憶可能永遠不會在治療中浮現出來，這個夢所提供的資料讓我們足足討論了好幾個星期。

夢中的人物常常混合了好幾個人的形像——看起來不像任何一個人，卻包含了許多人的一部分。我常常要求病人，用心中的眼來看夢和其中的人物，注意那個人的臉，然後開始自由聯想。或是提議他們閉上眼，讓那張臉轉換成其他臉孔，然後把他們所看到的告訴我。我常常藉這種方式了解各種已從生活中消失的人——叔伯阿姨、最好的朋友、舊日的情人、師長，這些人在病人的生活中占有一些重要的分量，卻已經被病人遺忘。

以自然的反應表達你對夢的約略聯想，有時也很有用。當然了，這樣做有可能誤導治療，因為病人本人的聯想才能比較真實地洞察夢，而不是你的聯想，不過，既然我在意的是如何促進治療工作，而不是要對夢做出真實卻不實用的解釋，所以這一點並不會困擾我。以下面這個夢為例：

「我在你的辦公室，不過比較大，兩人的椅子看起來也很大，距離很遠。我試圖靠近你，但不是走過去，而是在地板上滾向你。於是你也坐到地板上，然後我們繼續談話，你握著我的腳。我告訴你我不喜歡你聞我的腳，於是你把我的腳放到你的臉頰旁，我喜歡這樣。」

病人對這個夢沒有什麼聯想，我問她對我聞她的腳有什麼看法，她談到自己害怕我可能看到她較黑暗、令人討厭的一面而排斥她，可是她覺得夢的其餘部分很不可思議、晦澀難解。於是我表達自己的看法：「瑪格麗特，這個夢看起來很像小孩的夢，很大的房間和傢具，你在地上滾向我，我們兩人坐在地板上，我聞你的腳，把你的腳放在我的臉頰旁，整個夢的氣氛令我覺得像是出於非常小的小孩的眼光。」

我的話碰觸到重要的心弦，會談後，她在回家的路上，遺忘的記憶澎湃湧現，她想起以前和媽媽親密對話時常常互相按摩對方的腳。她和母親的關係一直非常惡劣，在之前幾個月的治療中，她一直認為母親無情地疏遠她，彼此很少有肢體親密接觸的時候，這個夢告訴我們其實不然，並開創了下一階段的治療，她重新認識自己的過往，看見父母較溫柔、更人性化的一面。

還有一個病人也是因為夢而進入治療的新階段，這個病人幾乎完全遺忘童年的生活，好奇地想知道自己的往事：

「我父親仍然健在，我在他家裡，看著某種陳舊的封套和筆記本，這些是我必須在他死後才能打開的東西。接著我發現有一道閃爍的綠光，使我能看穿一個密封的封套。這道綠光很像我手機的閃光。」

這個夢顯然表示病人的好奇心被喚醒，加上內心的呼喚（閃爍的綠光），指引他注意自己與父親的關係。

再舉一個開啟治療新境界的夢為例：

「我準備參加結婚典禮，卻找不到自己的禮服。有人給我一堆木頭來搭婚禮的聖壇，可是我根本不知道該怎麼做。接著母親把我的頭髮編成一排排的辮子。然後我們坐在沙發上，她的頭很靠近我的臉，我能感覺到她的鬢毛，接著她就消失了，我變成獨自一人。」

病人對這個夢並沒有值得注意的聯想，對一排排辮子的奇怪意象也沒有什麼特別的感覺（她個人並沒有這方面的實際經驗），直到隔天晚上躺在床上準備睡覺時，才突然想起她在小學一到三年級有位最要好的朋友瑪莎有這種辮子，而她早已忘了瑪莎。她提起三年級時的一件事，老師因為她成績優異，讓她有特權負責萬聖節前夕的班級裝飾，並讓她選一位同學來幫忙，出於想要拓展友誼，她選了別人，而沒有選瑪莎。

她傷心地說：「瑪莎從此再也不跟我說話，而我再也沒有那麼要好的朋友。」她繼續對我說到一輩子是如何寂寞，以前如何去破壞所有可能親密的機會。對於夢中頭靠著她的意象，還有另一個聯想，就是四年級的女老師常把頭靠近她，好像要對她輕聲說什麼溫柔的話，其實是在責備她。夢中的鬢毛使她想到我的鬍鬚，以及她不敢讓我太靠近她。病人在隔夜睡前才對夢有所聯想的情形叫做「與狀態相關的記憶」（state-associated memory），這種現象並不少見。

82 注意第一個夢

佛洛伊德相信這個最初的夢常常是無價之寶，特別容易看見核心問題，因爲病人潛意識中編織夢的人仍然天眞無邪，比較沒有警戒心。

自從佛洛伊德在一九一一年發表關於精神分析時的第一個夢的文章以來，治療師就一直特別重視病人在治療中的第一個夢。佛洛伊德相信這個最初的夢常常是無價之寶，特別容易看見核心問題，因為病人潛意識中編織夢的人仍然天真無邪，比較沒有警戒心（佛洛伊德談到心中做夢的動力時，有時會將之說得好像另有其人存在，這純綷是出於修辭上的誇張）。經過一段時間的治療後，治療師展現釋夢的能力，夢就會變得更為複雜難辨。

第七十九章有兩個例子，就是具有先見之明的第一個夢。頭一個例子是女檢察官控告父親犯下強暴罪，第二個則是準備長期旅行的男子在百貨公司購買所需物品，走下黑暗的樓梯。以下還有幾個例子。

有位病人的丈夫死於腦瘤，她在接受第一次治療的前一夜做了這個夢：

「我仍然是外科醫師，但也是英國文學的研究生，我準備的課程包括兩種不同的課本，一個是古代的，一個是現代的，兩本的書名都一樣。我沒有準備好研討會的內容，因爲我兩本都沒有讀。我特別沒有閱讀古代的那一本，這是頭一本，讀了它才好去讀第二本。」

我問她是否知道課本的書名，她回答：「喔，對，我記得很清楚，兩本書的名字都是《純真之死》。」

這個極有先見之明的書預示出許多日後的治療。古代和現代的課本是什麼意思？她確知這兩本書代表的意義，古代的書是她弟弟在二十年前因車禍而死亡，丈夫的死亡則是現代的書。夢告訴我們，除非她處理好失去弟弟的問題，否則無法處理丈夫的死亡。弟弟的死對她的生活造成極大的影響，把她所有對神聖天命、家的安全感、宇宙公義的存在、年長者先過世的秩序感等等年輕天真的神話全部推翻。

第一個夢常常表達出病人對即將來臨的治療的期望或恐懼，我自己接受精神分析前的第一個夢，到四十年後的今天還是非常鮮明：

「我躺在醫生的檢查台上。被單太小而無法適當地遮住我。我看到一位護士把針插入我的小腿骨。突然爆發一聲嘶嘶的流水聲——嘶嘶嘶嘶嘶。」

這個夢的核心意義在於響亮的嘶嘶聲，我立刻知道是怎麼回事。我小時候備受慢性鼻竇炎折磨，每到冬天，媽媽就會帶我找戴維斯醫師沖洗鼻竇。我討厭他的黃板牙和耳鼻喉科醫師戴的頭鏡，好像一隻魚眼盯著我瞧。我記得看診的過程：他把一根套管插到我的鼻竇孔，我會感到一陣刺痛，然後聽到震耳欲聾的嘶嘶聲，那是食鹽水注射到鼻竇裡沖洗的聲音。我還記得半圓形托盤上引流出來令人既害怕又噁心的東西，覺得腦漿跟著膿和黏液一起流出來。

我對即將來臨的精神分析的所有恐懼都在夢中表現出來：我會赤身露體（太小的被單），痛苦的被刺穿（打針），我會喪失自己的心智、被人洗腦，有一長段堅實的身體

（小腿骨）會受到痛苦難以忍受的傷害。

有位女病人在第一次會談前的晚上，夢到我打破她家裡所有的窗戶，在她心臟上打了一針麻醉劑。我們討論把麻醉劑打入心臟的情形，發現她雖然是非常成功的科學家，卻強烈地想要轉行當畫家。她害怕我的治療會使她藝術家的心睡著，繼續較理性但麻木的人生軌道。

這些夢提醒我們，對治療的誤解真是既深且牢。不要被表相矇騙，如果新病人對治療感到恐懼和疑惑，就要在心理治療前確實讓病人做好準備。

83 謹慎處理關於治療師的夢

我相信對心理治療最有價值的，就是與治療師有關的夢。

在所有病人提出的夢中，我相信對心理治療最有價值的，就是與治療師有關（或是以象徵替代治療師）的夢。這些夢表示有得到療效的極大潛力，值得細心地收割，就如下面的例子所示。

有位病人夢到：

「我在你的辦公室，你對我說：『你是隻奇怪的鳥，我以前從來沒看過像你這樣的怪東西。』」

一如往常，我詢問夢中感受到的氣氛，他回答：「溫暖而舒適。」這位病人有許多不尋常的儀式化強迫性習慣，最特別的就是會低估自己的各種長處——他的聰明才智、淵博的知識和廣泛的興趣、生活中對人的盡力幫助。他相信我只會對他的怪癖有興趣，就好像我會對馬戲團表演的怪物感興趣一樣。這個夢引領我們探討他與別人互動的模式，一直會表現出奇怪的舉動，進而探討到他的自卑，以及他擔心別人會因為他的空虛、膚淺和自虐的幻想而不理他。

另一個病人做了一個夢：

「我和你在我六年級的教室做愛。我全身赤裸，可是你一件衣服也沒脫。我問你是不是覺得夠滿足了。」

這位病人初中曾受到老師性侵害，因為最近幾次會談討論到這件事而感到非常不舒服。夢的處理開啟了許多尖銳的問題。她覺得我們對性的親密討論會引發她的性欲，她說：「和你討論性有點像是與你做愛。」並懷疑我也被激起性欲，從她的自我坦露中得到窺淫的樂趣。她談到不對等的自我坦露所造成的不舒服——在會談中，她赤身裸體，而我則隱藏起來。夢中提出我的性欲是否滿足的問題，反映出她恐懼自己唯一能提供的就是性，如果她不能滿足我的話，我可能會拋棄她。

還有一個夢：

「我住在兩層樓的房子。一位十歲的小女孩想把房子拆開來，我把她趕跑了。然後我看到一輛黃色善意牌卡車開上來，一再衝撞我房間的地基。我聽到一句話：『幫助之手再度攻擊。』」

我在夢中的角色應該是那輛善意牌卡車，威脅她房子的根基。但是夢怕我們忽略這一點，額外加了一句「幫助之手再度攻擊」。這位病人是壓抑緊繃的女性，來自酗酒家庭，極力不讓外界知道家中祕密。夢表達了她對坦露的恐懼，同時也警告我要溫和謹慎。

還有一個臨床案例，一位女病人在治療接近尾聲時，做了如下的夢：

「我們一起參加在旅館舉辦的研討會。你提議我住到你隔壁，好讓我們能睡在一起，所以我到櫃檯安排更動房間。沒一會兒，你改變了主意，告訴我這樣子不好，於是我又回到櫃檯取消換房。可是太遲了，我的東西已經全部搬到新房間。不過我發現新房間比較好，較大、較高，視野較好，而且在命理學上，新房間的號碼 929 也是非常吉利的數字。」

這個夢出現在我和病人開始要討論結束治療的時候。夢表達出她的看法認為我起初在引誘她（夢中我提議她和我住隔壁並睡在一起的意象），她的反應是更靠近我（她去換房），可是後來我改變主意，不想和她做愛，而她卻無法回到原來的房間，這表示她已經產生某些不可逆的改變。此外，改變的結果比原先好，新房間是較好的房間，空氣清爽，數字吉利。這位病人是非常美麗、渾身散發性感魅力的女性，過去和所有交往的男性都有或明或暗的性關係。夢提示我們之間的性能量可能是強化治療關係所必須的，會在適當的的時候促成不可逆的變化。

還有一個臨床案例：

「我在你的辦公室。看見一位雙眸漆黑美麗的女子，頭髮上插著一朵紅玫瑰，斜躺在沙發上。我走近一看才發現她並不是我以爲的樣子：沙發其實是棺材，她的眼睛漆黑但不美麗，而是沒有生命的眼睛，鮮紅的玫瑰並不是花，而是致命的傷口在流血。」

這個病人（在《媽媽和生命的意義》一書中詳細描述過她）常常表示不願把我當成真實的人。我們討論這個夢時，她說：「我知道我就是這個女子，任何人一靠近我就會見到死亡，真正的死亡，這是另一個要你離開的原因，另一個要你不要太靠近的原因。」夢引導我們進入她受到咒詛的主題：太多被她愛過的男人都死了，她相信自己帶著死神，這就是她拒絕把我看成具體的人的原因——她希望我超越時間，沒有自己的生活故事，所以就沒有起點，最重要的是，當然也就沒有終點。

我的筆記本裡滿是各種我出現在病人夢中的例子。有位病人夢到尿在我的手錶上，另一位病人夢見閒逛到我家，遇到我太太，並成為我的家人。隨著我年齡漸長，病人會夢到我不見了或死亡。在本書引言中，我引用一位病人的夢，他夢到進入我空無一人的辦公室，房內只有一個帽架，上面掛著佈滿蜘蛛網的巴拿馬草帽。還有一個人夢到進入我辦公室，看見桌前坐著一位圖書館員，並告訴她我的辦公室已經變成紀念圖書館。每一個治療師都有許多這一類的例子。

【第五部】

危險和特權

我們能得到知性的挑戰，

成為探險家，

沉浸在最偉大、最複雜的追尋

——人類心智的發展和維持。

84 注意職業上的危險

不論病人分享自己的問題是不是會挑起治療師受壓抑的本能需求，我還是相信治療師內心的工作必須一直進行下去。

心理治療的舒適環境——舒服的扶手椅、有品味的傢具、溫和的話語、分享、溫暖、親密的投入，常常使人看不見職業上的危險。心理治療是要求甚高的行業，成功的治療師必須能忍受工作中無法避免的孤獨、焦慮和挫折。

這是多麼矛盾啊！心理治療師呵護著病人追求親密的感受，但孤獨的經驗竟然是他們主要的專業危險。然而治療師經常是孤獨的生物，一整天與世隔絕地進行一對一的會談，除非特別刻意在生活中發展同事間的活動，否則難得見到同事一面。當然了，治療師工作時一對一的會談充滿親密，但這種親密的形式不足以支持治療師的生活，不像朋友和家人間深刻、親愛的關係會產生滋養和更新的感覺。為對方而有的關係，完全不同於雙方對等的關係。

治療師太常忽略自己的私人關係，把工作變成生活。在一天工作結束時，由於給出太多，我們會覺得不想再有更多關係。此外，病人對治療師如此充滿感謝、崇拜、理想化，會使治療師陷入較不欣賞家人和朋友的危險，因為他們無法從各方面體認我們的無所不知和超凡卓越。

治療師的世界觀本身就是孤立的。經驗豐富的治療師會從不同的角度來看關係，有時會對社交儀式和繁文褥節感到不耐煩，無法忍受許多社交聚集中短暫膚淺的接觸和閒聊。旅行時，有些治療師會避免和別人接觸，或是不讓別人知道自己的職業，因為他們想擺脫公眾對他們的扭曲反應。他們不但厭倦別人非理性的害怕和貶抑，也受不了被人過度重視，以為他們有讀心術，或是能為複雜多面的問題提出輕率的解答。

雖然治療師必須適應日常工作中所面對的過度理想化或貶抑，可是他們很少做得到這一點，反而常常感到自我懷疑，或自誇自大的感覺有如陣陣漣漪不斷興起。這些感覺會影響自信，事實上，所有改變都發生在內心深處的狀態，治療師必須小心檢視，否則會妨礙治療工作。治療師自己遇到會造成混亂的生活經驗時，也都會使治療工作的壓力和困難大為增加，比如關係的緊張、小孩的誕生、養育子女的壓力、喪親、婚姻不和諧或離婚、不能逆料的劇變、生活中的災難、疾病。

所有專業上的危險都相當受到我們工作時間表的影響。個人財務壓力很大的治療師，會安排一週治療四十到五十小時，這種情形的危險性最高。我一直認為心理治療不只是個專業，更是一種呼召。如果一個人的基本動機是累積財富，而不是提供服務，心理治療師所過的生活絕不是合適的生涯選擇。

心理治療師的士氣低落也與工作的範圍有關。過度專業化，特別是承受劇大痛苦和憂傷的臨床範疇（如處理瀕死病人、嚴重而慢性病的病人、精神病患），都使治療師承受更多的危險。我相信平衡而多樣化的實務工作，能使治療師得到大量更新的感覺。

我先前討論對病人不當性行為的問題時，指出治療師—病人的關係類似任何含有權力差別的剝削關係。但兩者間有個重要的差異，就是努力治療的強度所造成的差異。治療關係可以強烈到坦露許多事情，提出許多問題，為對方付出許多，被對方如此了解，以致於產生愛的感覺，不只是病人，治療師也會有這種感覺，所以必須把愛保留在大愛的範疇，並防止陷入情欲之中。

心理治療師生活中的各種壓力，有兩種是特別悲慘的——病人自殺和醫療訴訟。

如果面對問題很大的病人，我們總是會活在病人可能自殺的陰影中。大約一半以上的資深治療師都曾面對病人自殺，或是嚴重的自殺企圖，包括目前或過去的病人。即使是最成熟老練的治療師也會深感痛苦、哀傷、內疚、能力不足感，以及對病人感到憤怒。

面對醫療訟訴時也會有同樣痛苦的情緒。在當前這個凡事興訟的世界裡，能力和正直並不能保護治療師免於挨告，我所認識的合格治療師都至少面臨過一次訴訟，或是訴訟的威脅。治療師會因為上法庭的經驗而深深感受到背叛，他們獻身於服務的人生，一直努力促使病人成長，卻被病人告進法院，這樣的經驗會使治療師受到極大的震憾，有時還會產生永久的改變。他們在初次評估病人時，會出現以前不曾有過的不愉快念頭：「這個病人會不會告我？」我認識好幾位治療師就是因為醫療訟訴而心灰意冷，因此決定提早退休。

六十年前，佛洛伊德認為治療師常常接觸病人原始而受到壓抑的問題，他將之比擬成暴露在危險的放射線之下，所以勸治療師每五年要再去接受一段精神分析。不論病人分享自己的問題是不是會挑起治療師受壓抑的本能需求，我還是非常同意佛洛伊德的勸告，相信治療師內心的工作必須一直進行下去。

我個人覺得心理治療師的支持團體是堅固的堡壘，可以防備上述的危險。過去十年來，我參加一個沒有領導者的團體，包括十一位男性治療師，年齡和歷練都差不多，每兩週聚集一次，每次一個半小時。不過，上述團體的特殊性質沒有一樣是必要的，例如我多年來帶領的一個非常成功的團體，這個團體每週聚集一次，成員是混合不同年齡和性別的心理治療師。重要的是團體能不能提供安全、信賴的舞台，讓成員分擔專業和私人生活中的壓力。團體的名稱也不重要，「治療團體」也好，「支持團體」也好（成員也會剛好得到治療的效果），都沒有關係。

如果成員之間沒有太大的人際失和，由老練治療師組成的團體並不需要專業的領導者。事實上，沒有指定的領導者還能讓全體成員更徹底地練習自己早已精熟的技術。另一方面，由較無經驗的治療師組成的團體，如果找經驗豐富的人帶領可能會比較好，既可以催化團體，又是成員的良師。組成支持團體並沒有大家以為的那麼困難，只要有一、兩位願意投入的人負責擬出適合的名單，聯絡、安排時間、地點，請大家來計畫一番，就可以成事了。依我的看法，團體是產生支持和個人變化的有力工具，再加上有經驗的治療師共聚一堂必然產生的技巧和資源，大家就不難看出我為什麼這麼熱心鼓勵治療師要把握這種機會的效益了。

85 珍視職業上的特權

積極的治療師總是在自我認識和覺察上不斷進步和成長，一個人怎麼可能在指導別人檢視內心深處時，卻不同時檢視自己呢？

我很少聽到治療師同仁抱怨生活缺乏意義。治療師的生活是服務的生活，我們每天要超越自己的期望，把目光轉向別人的需要和成長。我們不只從病人的成長得到滿足，還因為漣漪效應而快樂——病人會使生活中接觸到的人也得到有益的影響。

這是格外驚人的特權，也是格外驚人的滿足。

在上一章關於專業危險的討論中，我談到這個專業需要非常艱鉅、永無休止的自我檢視與內在工作。可是這個要求並不只是負擔，更是一種特權，因為這是建立在內心、防止停滯的保證。積極的治療師總是在自我認識和覺察上不斷進步和成長。一個人怎麼可能在指導別人檢視內心深處時，卻不同時檢視自己呢？也不可能要求病人重視人際關係，卻不檢視自己的關係模式。當我從病人那兒得到大量回饋時（舉例來說，假設病人認為我是個隱瞞自己、排斥他人、主觀批判、對人冷淡毫不關心的人），就不得不認真以待，我會自問他們所說的是否與我內心的經驗一致，其他人是否給我相同的回饋。如果我判斷這些回饋是正確的，使我看見自己的盲點，就會非常感謝病人。若不這麼做，或否認正確觀察的真實性，就會漸漸危及病人對現實的觀點，使治療造成反效果。

我們是祕密的安息處。病人每一天都會用祕密來抬舉我們，這些祕密常常是以前不曾與人分享的。接受這種祕密是極少數人才有的特權。祕密提供幕後的觀點來看人類的處境，沒有不必要的社交修飾、角色的扮演、虛張聲勢的表現，或是舞台上的裝腔作勢。有時祕密會使我枯乾無力，我便回到家中抱住妻子，數算自己的祝福。有些祕密會使我心頭悸動，引發自己短暫易逝、久已遺忘的記憶和衝動。還有些祕密讓我目擊整個人生因為羞愧和無法原諒自己而不必要地耗損，這使我感到難過。

身為祕密安息之處的人，得以透過清晰的鏡片來看世界——這是比較沒有受到曲解、排斥和錯覺的觀點，是真正看清事物的觀點。（就這一點而言，可以參考著名精神分析師艾倫·惠理斯〔Allen Wheelis〕所寫幾本書的書名《事情的樣貌》（*The Way*

Things Are）、《事物的架構》（*The Scheme of Things*）、《沒有錯覺的人》（*The Illusionless Man*）。）

我們（治療師和病人一樣）全都背負著痛苦的祕密——為所做的事而內疚，為沒有做的事而羞愧，渴望被人愛被人疼，內心深處充滿脆弱、不安全和恐懼，當我帶著這種體認來對待別人時，就能與別人更為親近。多少年來身為祕密的安息處，我成為更溫和、更能接納的人。當我遇到因虛榮或高傲而膨脹自己的人，或是因為任何強烈情感而苦惱的人，可以憑直覺知道在他們背後的祕密所造成的痛苦，而感受到悲憫之情，甚至與他們連結在一起，而不是批判他們。當我第一次在佛教徒靜修的地方接觸到正式的慈悲冥想時，感覺自己好像回到家一樣。我相信許多治療師（遠比一般所以為的還多）都很熟悉慈悲的經驗。

我們的工作不但讓我們有機會超越自己、進步成長、受到祝福而能有明澈的識見、看見人類景況的真相和悲劇，而且還有更多的收穫。

我們能得到知性的挑戰，成為探險家，沉浸在最偉大、最複雜的追尋——人類心智的發展和維持。我們和病人手牽著手，品嘗重大發現的樂趣——當不同觀念的碎片突然順利整合在一起時，那種豁然開朗的經驗。有的時候，我們像接生婆一樣，促成某種全新、釋放、崇高的東西誕生，看著我們的病人放下老舊的自我挫敗模式，脫離由來已久的牢騷，發展出生活的熱情，學會愛自己，並透過行動以愛對待他人。看到別人能打開自己智慧的泉源，是何等的快樂！有時我覺得自己是個嚮導，護送病人通過他們自家的房間，看著他們開門進入以前未曾進入的房間，發現新的廂房竟然有失蹤已久的東西——智慧、美麗、有創意的那份自我，這是怎樣難得的樂事啊！有時進入這種過程的第一步是靠夢的工作，使病人和我都對黑暗中冒出來的巧妙意義和清楚意象驚奇異常，我相信有創意的寫作老師必然有類似的經驗。

最後，可敬高貴的治療一族還有一項超凡的殊榮，一直讓我非常感動。治療師是傳統的一部分，不只可以回溯到最近的心理治療祖師佛洛伊德和榮格，還有他們的祖師——尼采、叔本華、齊克果，更能追溯到耶穌、佛陀、柏拉圖、蘇格拉底、蓋侖（Galen, 130-200，古希臘醫師）、希波克拉底，以及所有其他偉大宗教的導師、哲學家和醫師，他們從創世以來，就在照顧充滿絕望的人類。

【附錄一】

歐文・亞隆作品

- 《死亡與生命手記：關於愛、失落、存在的意義》（2021），心靈工坊。
- 《短期團體心理治療：此時此地與人際互動的應用》（2018），心靈工坊。
- 《成為我自己：歐文・亞隆回憶錄》（2017），心靈工坊。
- 《凝視太陽：面對死亡恐懼（全新增訂版）》（2017），心靈工坊。
- 《一日浮生：十個探問生命意義的故事》（2015），心靈工坊。
- 《斯賓諾沙問題》（2013），心靈工坊。
- 《媽媽和生命的意義》（2012），張老師文化。
- 《當尼采哭泣》（2007），張老師文化。
- 《愛情劊子手》（2007），張老師文化。
- 《診療椅上的謊言》（2007），張老師文化。

- 《叔本華的眼淚》（2005），心靈工坊。
- 《日漸親近：心理治療師與作家的交換筆記》（2004），與金妮·艾肯（Ginny Elkin）合著，心靈工坊。
- 《存在心理治療（上）：死亡》（2003），張老師文化。
- 《存在心理治療（下）：自由、孤獨、無意義》（2003），張老師文化。

【附錄二】

延伸閱讀

- 《歐文・亞隆的心理治療文學》（2020），傑佛瑞・柏曼（Jeffrey Berman），心靈工坊。
- 《比昂論團體經驗》（2019），比昂（Wilfred Ruprecht Bion），心靈工坊。
- 《我們在存在主義咖啡館：那些關於自由、哲學家與存在主義的故事》（2017），莎拉・貝克威爾（Sarah Bakewell），商周。
- 《意義的呼喚：意義治療大師法蘭可自傳（二十週年紀念版）》（2017），維克多・法蘭可（Viktor E. Frankl），心靈工坊。
- 《靈性的呼喚：十位心理治療師的追尋之路》（2017），呂旭亞、李燕蕙、林信男、梁信惠、張達人、張莉莉、陳秉華、曹中瑋、楊蓓、鄭玉英，心靈工坊。
- 《團體諮商與治療：一個嶄新的人際－心理動力模式》（2017），吳秀碧，五南。
- 《成為自己的神！尼采巔峰創作三部曲：查拉圖斯特拉如是說╳善惡的彼岸╳論道德

的系譜》（2017），尼采（Friedrich W. Nietzsche），大家。

- 《當亞里斯多德遇上佛洛伊德：哲學家與心理師的人生小客廳》（2016），朱立安・巴吉尼（Julian Baggini）、安東尼雅・麥卡洛（Antonia Macaro），左岸文化。
- 《哭喊神話：羅洛・梅經典（二版）》（2016），羅洛・梅（Rollo May），立緒。
- 《小氣財神：彰顯寬容與愛的狄更斯經典》（2016），查爾斯・狄更斯（Charles Dickens），木馬文化。
- 《孤雛淚（全譯本—改版）》（2016），查爾斯・狄更斯（Charles Dickens），商周。
- 《作為意志和表象的世界》（2016），亞瑟・叔本華（Arthur Schopenhauer），新雨。
- 《歐文亞隆的心靈療癒（DVD）》（2015），薩賓・吉西澤（Sabine Gisiger）執導，台聖。
- 《人依靠什麼而活：托爾斯泰短篇哲理故事》（2015），托爾斯泰（Leo Tolstoy），木馬文化。
- 《人生的智慧》（2014），亞瑟・叔本華（Arthur Schopenhauer），新雨。
- 《歐文・亞隆的心靈地圖》（2013），朱瑟琳・喬塞爾森（Ruthellen Josselson），心靈工坊。
- 《倫理學（2版）》（2013），斯賓諾莎（Benedictus de Spinoza），五南。

- 《存在：精神病學和心理學的新方向》（2012），羅洛·梅（Rollo May），中國人民大學出版社。
- 《愛與意志》（2010），羅洛·梅（Rollo May），立緒。
- 《焦慮的意義》（2010），羅洛·梅（Rollo May），立緒。
- 《活出意義來》（2008），弗蘭克（Viktor E. Frankl），光啟文化。
- 《太太的歷史》（2003），瑪莉蓮·亞隆（Marilyn Yalom），心靈工坊。
- 《生死學十四講》（2003），余德慧，心靈工坊。
- 《伊凡·伊里奇之死》（1997），托爾斯泰（Leo Tolstoy），志文。

【附錄三】

參考書目

* Erikson, Erik, *Identity: Youth and Crisis* (New York: W.W. Norton, 1986).
* Karen Horney, *Neurosis and Human Growth* (New York: W.W. Norton, 1950).
* C. P. Rosenbaum, *Personal communication*, 2001.
* Andre Malraux, *Antimémoires* (New York: Holt, Rinehart, and Winston, 1968).
* Arthur Schopenhauer, *parerga and paralipomena, Volume* 2, translated by E. Payne (Clarendon Press. Oxford. 1974).
* Arthur Schopenhauer, *The Complete Essays of Schopenhauer*, trans T. Bailey Saunders (New York: Wiley, 1942).
* Hermann Hesse, *The Glass Bead Game: Magister Ludi*, Richard Winston.
* Ram Dass, oral communication, 1988.

* Carl Rogers, "The Necessary and Sufficient Conditions of Psychotherapeutic Personality Change", *Journal of Consulting Psychology* 21(1957).
* Terence, *Lady of Andros, Self-Tormentor & Eunuch,* vol.1, trans. John Sargeant (Cambridge: Harvard University Press, 1992).
* K. Benne, "History of the T-group in the laboratory setting", in *T-group Theory and Laboratory Method*, ed. L. Bradford, J. Gibb, K. Benne (New York: John Wiley, 1964).
* Sigmund Freud, *Studies in Hysteria* (New York: Basic books, 2001).
* Sandor Ferenczi, *The Clinical Diaries of Sandor Ferenczi,* ed. Judith Dupont (Cambridge: Harvard University Press, 1995).
* Peter Lomas, *True and False Experience* (New York: Taplinger, 1993).
* Friedrich Nietzsche, *Thus Spoke Zarathustra* (New York: Penguin Books, 1961).
* Louis Fierman, ed., *Effective Psychotherapy: The Contributions of Helmut Kaiser* (New York: The Free Press, 1965).
* Harry Stack Sullivan, *The Psychiatric Interview* (New York: Norton, 1988).
* J. Luft, *Group Processes: An Introduction to Group Dynamics* (Palo Alto, Calif.: National Press,

1966).

* J. Gardner, *Grendel* (New York: Random House, 1989).
* Martin Heidegger, *Being and Time* (New York: Harper and Row, 1962).
* Friedrich Nietzsche, *The Will to Power* (New York: Vintage Books, 1974).
* Friedrich Nietzsche, Letter to P. Gast 4 August 1882, cited by P. Fuss and H. Shapiro, in *Nietzsche: A Self-portrait from His Letters* (Cambridge: Harvard University Press, 1971).
* Friedrich Nietzsche, *Beyond Good and Evil* (New York: Vintage Books, 1989).
* Erich Fromm, *The Art of Living* (New York: Perennial Classics, 2000)
* Ruthellen Josselson, *The Space Between Us*(New York: Safe, 1995).
* D.W. Winnicott, “Hate in the Counter-transference”, *International Journal of Psychoanalysis* 30(1949).
* Drew Weston and Kate Morrison, “How Empirically Valid Are EVPs? A Critical Appraisal “, *The Journal of Consulting and Clinical Psychology*, in press.
* Sigmund Freud, *The Handling of Dream Interpretations*, standard edition, vol.12 (London: the Hogarth Press, 1958).

心靈工坊 PsyGarden

Holistic 143

生命的禮物

給心理治療師的85則備忘錄（全新修訂版）

The Gift of Therapy :An Open Letter to a New Generation of Therapists and Their Patients

歐文．亞隆（Irvin D. Yalom）—著　易之新—譯

出版者—心靈工坊文化事業股份有限公司
發行人—王浩威　總編輯—徐嘉俊
責任編輯—黃心宜　內文編排—李宜芝
通訊地址—10684台北市大安區信義路四段53巷8號2樓
郵政劃撥—19546215　戶名—心靈工坊文化事業股份有限公司
電話—02）2702-9186　傳真—02）2702-9286
Email—service@psygarden.com.tw　網址—www.psygarden.com.tw

製版．印刷—中茂製版分色印刷事業股份有限公司
總經銷—大和書報圖書股份有限公司
電話—02）8990-2588　傳真—02）2290-1658
通訊地址—248新北市五股工業區五工五路二號
二版一刷—2021年4月　二版八刷—2024年1月
ISBN—978-986-357-208-4　定價—450元

國家圖書館出版品預行編目資料

生命的禮物【全新修訂版】/歐文．亞隆(Irvin D. Yalom)著；易之新譯. -- 二版. -- 臺北市：心靈工坊文化, 2021.04
面；　公分. -- (HO；143)

譯自：The Gift of Therapy : An Open Letter to a New Generation of Therapists and Their Patients

ISBN 978-986-357-208-4 (平裝)

1.心理治療

178.8　　110005340